上海市场商业银行结构性理财产品发展报告

——基于消费者权益保护的视角

苛训诚 杨宝华
陶爱莲 唐健盛 等 / 著

Report on Structured Products of
Commercial Banks in Shanghai Marketplace:
A Perspective of Consumer
Rights Protection

经济管理出版社
ECONOMY & MANAGEMENT PUBLISHING HOUSE

图书在版编目（CIP）数据

上海市场商业银行结构性理财产品发展报告：基于消费者权益保护的视角/茆训诚等著.
—北京：经济管理出版社，2017.12
ISBN 978-7-5096-5475-0

Ⅰ.①上… Ⅱ.①茆… Ⅲ.①商业银行—金融产品—研究报告—上海 Ⅳ.①F832.33

中国版本图书馆 CIP 数据核字（2017）第 274260 号

组稿编辑：宋　娜
责任编辑：宋　娜　张　昕
责任印制：黄章平
责任校对：雨　千

出版发行：经济管理出版社
　　　　　（北京市海淀区北蜂窝 8 号中雅大厦 A 座 11 层　　100038）
网　　　址：www. E-mp. com. cn
电　　　话：（010）51915602
印　　　刷：三河市延风印装有限公司
经　　　销：新华书店
开　　　本：720mm×1000mm/16
印　　　张：9.5
字　　　数：151 千字
版　　　次：2017 年 12 月第 1 版　　2017 年 12 月第 1 次印刷
书　　　号：ISBN 978-7-5096-5475-0
定　　　价：98.00 元

Disclaimer / 说 明

　　本书的主要目标在于维护金融消费者的合法权益，促进商业银行提升专业能力，改善结构性理财产品的市场效率。本书的星级评价体系具有原创性，评价结果是基于课题组认为可靠的已公开数据，但不能保证所有数据的准确性或完整性。

　　本书所涉及的资料、工具、意见和推测仅供参考之用，并非作为或被视为购买结构性理财产品的主要参考依据。

　　作为投资者的客户应该认识到本书仅仅是以调研为基础得出的结论或观点，投资者应该以商业银行发布的相关信息为准。

　　本书的研究结果是课题组根据收集的 2016 年上半年到期的上海市场各商业银行面向普通个人投资者公开发行的结构性理财产品的数据所做出的分析和判断，新的结构性理财产品的情况因市场环境变动可能与本书所做出的结论存在差异。

　　投资者应该具有必要的理论基础和投资经验，不应该视本书为投资决策的唯一因素。本书仅从总体上对现有结构性理财产品做出星级评价，形成的结论和建议可能不适合个别客户投资者，不构成对投资者私人投资的建议。

　　所以，在任何情况下，课题组不对任何人因使用本书中的任何内容

所引致的任何损失负任何责任。

　　本书的版权归上海市消费者权益保护委员会和上海师范大学商学院所有，其对本报告保留一切权利。

　　未经所有人事先书面授权，本书的任何部分均不得以任何方式制作任何形式的拷贝、复印件或复制品，或再次分发给任何其他人，或以任何侵犯版权的其他方式使用。

Preface

序 言

  银监会 2004 年 3 月颁布了《金融机构衍生产品交易业务管理暂行办法》，2005 年 12 月开始允许获得衍生品业务许可证的银行发行股票类挂钩产品和商品类挂钩产品，我国商业银行结构性理财产品的挂钩标的日趋丰富（如利率、汇率、商品、股票和股指等），结构性理财产品的发行数量也逐年增加。统计数据表明，2004~2012 年，全国 38 家商业银行共发行了 6532 款结构性理财产品；2014 年，全国 32 家商业银行共发行了 4366 款结构性理财产品，是 2013 年的 2.25 倍；2015 年，全国 32 家商业银行共发行了 3754 款结构性理财产品，2016 年增加至 5073 款。

  商业银行结构性理财产品属于复合型金融工具，到期收益通过固定收益工具与各类衍生金融工具组合而成，是一类产品特征和收益结构较为复杂的金融产品。投资者对结构性理财产品的复杂性及风险性认知都不充分，而金融机构在产品设计、风险管理和信息披露等方面均占据主导优势。为保护金融消费者的合法权益，促进商业银行结构性理财产品市场的公平、有序发展，上海市消费者权益保护委员会委托上海师范大学商学院课题组，对上海市场商业银行向社会大众公开销售的结构性理财产品进行综合评价。

  历经一年的信息采集、业界访谈与专家论证等环节，上海师范大学商学院课题组最终获得 17 家银行、8 种挂钩标的、627 只结构性理财产品较为系统的信息，并自行构建了商业银行结构性理财产品星级评价的指标体系，根据发行人专业能力、产品基本属性、产品条款设计、产品投资过程和产品信息披露 5 个一级指标和 30 个二级指标，对上海市场商业银行结构性理财产品收益的风险特性和信息透明度进行了综合评价。课题组发现现阶段结构性理财产品存在预期收益的承诺容易导致投资者的误解、投资管理过程信息不够透明和信息披露不够规范等主要问题。据此，课题组提出了为投资者提供可准确理解的预期收益、投资过程宜适度公开、规范信息披露的渠道和内容等具体解决方案。希望本书可以为政府监管部门提供决策参考，为银行同业提供竞争标尺，为金融消费者提供理性选择的参考依据。

2017 年 2 月 23 日，上海市消费者权益保护委员会主持召开了面向商业银行和新闻媒体的课题成果发布会，上海师范大学商学院课题组进行了部分成果汇报，形成了广泛的社会影响，包括人民日报、新华网、解放日报、文汇报和上海电视台等在内的近 30 家媒体对此进行了报道。

本书由茆训诚、杨宝华、陶爱莲、唐健盛、敬志勇、姚亚伟、邢学艳、黄国妍、劳剑虹和杨青组成课题组，共同讨论和撰写。其中，评价指标设计主要由姚亚伟负责，评价结果描述主要由敬志勇负责，存在问题与发展建议主要由杨宝华、邢学艳、黄国妍负责。上海师范大学 2015级金融学硕士耿娜、程超参与了部分资料的搜集与整理工作。

目　录　CONTENTS

第1章　引　言 ……………………………………………… 1

　1.1　研究的背景 ……………………………………… 3

　1.2　国内外研究的现状 ……………………………… 5

　1.3　研究的价值 ……………………………………… 8

　　1.3.1　技术价值 …………………………………… 8

　　1.3.2　应用价值 …………………………………… 9

　1.4　研究的方法 …………………………………… 10

　1.5　研究的对象与范围 …………………………… 11

　1.6　研究的目标 …………………………………… 12

　　1.6.1　总体目标 ………………………………… 12

　　1.6.2　具体目标 ………………………………… 12

第2章　中国商业银行结构性理财产品的发展环境 …………… 13

　2.1　中国商业银行结构性理财产品发展的制度环境 ………… 15

　2.2　中国商业银行结构性理财产品发展的经济环境 ………… 19

　2.3　中国商业银行结构性理财产品的金融环境 …………… 24

2.4 中国商业银行理财产品的市场特征 ………………………… 29

　　2.4.1 理财产品发行势头良好，成交量和发行量逐年增加 … 30

　　2.4.2 商业银行理财产品的收益类型特征 ……………… 30

　　2.4.3 商业银行理财产品的委托期限特征 ……………… 32

　　2.4.4 商业银行理财产品的收益率特征 ………………… 32

　　2.4.5 不同类型商业银行发行的理财产品情况 …………… 34

　　2.4.6 商业银行理财产品资金投资的范围广泛 …………… 34

　　2.4.7 商业银行结构性理财产品挂钩标的特征 …………… 36

第3章　上海市场商业银行结构性理财产品的现状与特点 …… 37

3.1 上海市场商业银行结构性理财产品的现状 ………………… 39

3.2 上海市场商业银行结构性理财产品的特点 ………………… 41

　　3.2.1 期限结构 ……………………………………… 41

　　3.2.2 内部评级 ……………………………………… 42

　　3.2.3 募集资金总额 ………………………………… 43

　　3.2.4 认购起点 ……………………………………… 44

　　3.2.5 产品目标客户定位 …………………………… 45

　　3.2.6 投资范围 ……………………………………… 46

　　3.2.7 信息披露频率 ………………………………… 47

3.3 上海市场商业银行结构性理财产品投资收益率的统计 …… 50

　　3.3.1 预期最高收益统计 …………………………… 50

　　3.3.2 到期收益统计 ………………………………… 52

　　3.3.3 到期收益率与预期最高收益率比值的统计 ………… 53

第4章　上海市场商业银行结构性理财产品的星级评价方法 … 59

4.1 星级评价的目标 …………………………………………… 63

  4.1.1 总体目标 …………………………………… 63

  4.1.2 具体目标 …………………………………… 63

 4.2 星级评价的方法 ………………………………… 64

 4.3 星级评价的指标体系 …………………………… 66

 4.4 指标权重 ………………………………………… 68

 4.5 星级评价的风险 ………………………………… 70

第5章 上海市场商业银行结构性理财产品的星级评价 ……… 71

 5.1 样本选取与数据说明 …………………………… 73

 5.2 星级评价的结果 ………………………………… 75

  5.2.1 星级评价的统计 ………………………… 75

  5.2.2 星级评价的排行榜 ……………………… 79

  5.2.3 一级指标统计 …………………………… 84

 5.3 上海市场银行结构性理财产品星级评价结果的分析 ……… 88

  5.3.1 总体星级评价 …………………………… 88

  5.3.2 挂钩系列星级评价 ……………………… 89

  5.3.3 不同类型银行的星级评价 ……………… 95

 5.4 一级指标评价结果的分析 ……………………… 99

  5.4.1 发行人的专业能力评价 ………………… 99

  5.4.2 产品基本属性的星级评价 ……………… 101

  5.4.3 产品条款设计的评价 …………………… 103

  5.4.4 投资过程的评价 ………………………… 104

  5.4.5 信息披露与风险揭示的评价 …………… 106

第6章 上海市场商业银行结构性理财产品存在的主要问题分析 …………………………………………………………… 109

6.1 产品预期收益容易导致投资者的误解 ……………… 111

  6.1.1 产品预期收益区间较大，预期收益率的实现概率未知 ………………………………………………… 111

  6.1.2 结构性理财产品的收益结构复杂，较难被普通投资者理解 ……………………………………………… 113

  6.1.3 预期最高收益的实现程度偏低，到期收益水平也整体偏低 …………………………………………………… 115

  6.1.4 投资者定位不够明确 ………………………… 117

6.2 投资的管理过程不够透明 …………………………… 119

  6.2.1 不公布交易对手的信息 ……………………… 119

  6.2.2 结构性产品的资金来源不够明确 …………… 120

  6.2.3 部分银行的管理费用收取较高，信息披露不充分 … 121

  6.2.4 投资运作模式多为封闭式非净值型，风险较高 … 122

  6.2.5 较长的计划期限增加了结构性理财产品的风险敞口 …………………………………………………… 122

6.3 信息披露不够规范 …………………………………… 124

  6.3.1 信息披露的完整性不足 ……………………… 124

  6.3.2 关键信息的有效性不足 ……………………… 126

  6.3.3 产品说明书披露缺乏统一规范 ……………… 127

第7章 上海市场商业银行结构性理财产品发展的建议 …… 129

7.1 为投资者提供可准确理解的预期收益 ……………… 131

  7.1.1 收窄预期收益区间，提供相应的实现概率 ……… 131

7.1.2 说明收益率测算的依据，为投资者提供合理的收益
预期 ·· 132

7.1.3 严格投资者的准入条件 ························· 133

7.2 投资过程宜适度公开 ······························· 135

7.2.1 公布交易对手的信息 ························· 135

7.2.2 明确结构性理财产品的资金来源和资金运用 ········ 136

7.2.3 明确披露投资费用的信息，制定合理的费率水平 ··· 136

7.2.4 改进结构性理财产品的投资运作模式 ············· 137

7.2.5 结构性理财产品的计划期限不宜过长 ············· 138

7.3 规范信息披露的渠道和内容 ························· 139

7.3.1 监管部门需要进一步完善信息披露的监督管理
机制 ·· 139

7.3.2 商业银行需要建立完善的事前、事中和事后的信息披露
机制 ·· 140

第 1 章

引　言

1.1　研究的背景

　　根据中国银行业监督管理委员会发布的《2016 商业银行理财业务监督管理办法全文（征求意见稿）》，结构性理财产品是指理财产品本金或部分本金投资于存款、国债等固定收益类资产，同时以不高于以上投资的预期收益与剩余本金投资于金融衍生工具，并以投资交易的收益为限向客户兑付理财产品收益的理财产品。结构性理财产品的收益一部分固定，另一部分与其挂钩资产的市场表现相关。发行银行利用金融工程的组合分解技术，针对投资者不同的风险偏好，将不同类型的固定收益证券和金融衍生合约进行组合，设计出风险收益水平各异的结构性理财产品。由于金融衍生产品市场的不确定性较大，相对于其他理财产品而言，结构性理财产品是高风险与高收益并存的金融产品。

　　中国发展结构性理财产品具有必然性。随着经济的快速发展，居民收入水平提高，资产保值增值的需求旺盛，利用储蓄资金在风险可控条件下获得相应的收益符合长期效用最大化的目标。可接受高风险的金融消费者投资具有潜在高收益的结构性理财产品，是市场推动的必然结果。结构性理财产品降低了高收益衍生品的准入门槛，成为金融消费者寻求高收益的一种重要投资渠道。由于吸收存款的隐性成本高昂，商业银行通过设计结构性理财产品可以大量替代吸收存款，创新业务结构，突破监管的硬约束。随着利率市场化和大资管时代的到来，发展结构性理财产品使银行高端专业人才优势得以充分体现，是实现混业经营的一个重要步骤。结构性理财产品可以通过不断地改变挂钩标的、挂钩方式和方向、支付方式、期限结构和风险收益结构等因素，为客户量身定制个性化的金融产品，满足不同投资者的不同需求，扩大商业银行的市场影响力，领跑全球银行业的发展。

由于普遍缺乏投资者风险教育的环境，以及我国信用体系的普遍不完善，投资者对于金融产品投资的风险认知不充分。对于投资者而言，最关心的指标是投资收益率，而其对于获得较高收益率需要承担的风险认识却远远不足。一些金融产品在设计时通常会明确收益的不确定性，但在收益区间的设置方面，往往会将其放大，将极小概率才能获得的高收益率作为博人眼球的噱头。同时，由于对金融常识的缺乏，一些投资者对年化收益率的计算方法不清楚，存在潜意识的被误导倾向，比如一款产品的投资期限为 41 天，预期收益率为 6.2%，一些投资者认为年化收益率为 55.8%，说明其对收益率的认识存在一定的误区，金融消费者和商业银行之间需要降低双方信息的不对称性。

1.2　国内外研究的现状

Fender 等（2005）[①]认为投资者对结构性理财产品风险属性的理解取决于金融合同结构和基础资产的信用风险，结构性理财产品越复杂，投资者对信用评级的依赖性越强，远远超过标准证券投资者对信用评级的依赖性。沈晓龙（2010）[②]指出，我国商业银行结构性理财产品的发展速度较快，但结构性理财产品的设计缺乏特色，风险梯度和支付条款设计不合理。在进行产品市场定位时，仅仅简单以客户的收入作为唯一的划分标准，而并没有考虑客户的风险偏好、年龄、投资目标、客户所处的生命周期阶段等多种因素，难以正确把握客户的投资需求。商业银行应通过增强开发能力促进产品多元化，发挥第三方机构的咨询和评级作用。

Entrop 等（2015）[③]通过对 10652 位个人投资者的调查发现，投资者对于结构性理财产品的负阿尔法有一定认识，但随着产品越复杂，产品低预期（高风险溢价）表现越严重，导致投资者的投资选择表现越差。

① Fender, Ingo and Mitchell, Janet, Structured Finance: Complexity, Risk and the Use of Ratings [J]. BIS Quarterly Review, 2005, SSRN No.1473644.

② 沈晓龙. 我国商业银行结构性理财产品：特点、问题与对策 [J]. 科学决策, 2010 (9): 8–13.

③ Entrop O., Mckenzie M. D., Wilkens M., et al. The Performance of Individual Investors in Structured Financial Products [J]. Review of Quantitative Finance and Accounting, 2015, 46 (3): 569–604.

马秋君和李巍（2011）[①] 认为，2009~2010 年发行的部分结构性理财产品总体呈现收益与风险非对称，超额收益整体偏低。魏攀（2012）[②] 还发现部分结构性理财产品出现了零收益、负收益，影响了市场需求。

Friewald 等（2014）[③] 对美国结构性理财产品市场研究结果表明，信息披露的程度与流动性紧密相关，他们通常会认为高信用机构发行的理财产品证券更容易销售，有更好的流动性，他们并不关注产品的详细信息。

尽管投资者不是特别关注产品的详细信息，但银行作为产品的发行方，有义务向投资者披露结构性理财产品的相关信息。本书认为，结构性理财产品作为一种复合型金融产品，其主要设计参数和管理过程应当向投资者及时、有效和充分披露，主要包括以下信息：

保本率：保本率即本金保障程度，由理财产品的固定收益部分决定，一般情况下，产品保本率越高，参与资本市场收益的理财资金比例就越小，产品风险也越低，保本率一般不超过100%。

参与率：参与率指相对于标的资产收益的波动幅度，投资者实际可以得到的收益倍数，在结构性理财产品的设计中可以表现出一定的杠杆效益，参与率越大，风险越大。

最低/最高收益率：最低收益率是结构性理财产品发行机构向投资者承诺的产品最低收益率，主要由固定收益部分提供；最高收益率是产品发行者限定的产品最高收益率水平。

提前终止条款：提前赎回或回售等提前终止条款是结构性理财产品设计中很重要的一个参数，是指通过在产品中设置一定的条款来给予银行或投资者一方或者双方提前终止产品的权利，或者约定某一触发事件，

---

① 马秋君，李巍. 我国银行结构性理财产品的收益与风险分析 [J]. 经济社会体制比较，2011（6）：189-194.

② 魏攀. 我国商业银行结构性理财产品设计研究 [D]. 首都经济贸易大学硕士学位论文，2012.

③ Friewald N., Jankowitsch R. and Subrahmanyam M. G. Transparency and Liquidity in the Structured Product [R]. Market, 2014, SSRN No.2139310.

其发生时，产品自动终止。

与公募基金产品相比，中国市场结构性理财产品推出的时间相对较短，具有较强的私募特征，信息不公开程度较高，因而在银行与投资者之间容易产生判断分歧。相关数据的可得性问题导致国内外相关研究甚少，对中国市场结构性理财产品消费者的资产管理现状缺乏系统研究，很可能影响结构性理财产品市场的健康发展。

1.3　研究的价值

从投资者的利益保护角度看，与结构性理财产品相关信息的可获得性和信息披露的充分性是控制投资风险的重要因素；从监管层维护市场有效性的角度看，尽管银监会对结构性理财产品的设计、销售和信息披露等相关方面进行了详细的规范性说明，但在具体操作过程中银行与投资者之间依然存在着信息不对称的可能性，这种信息不对称可能会误导投资者，从而对投资者的利益造成潜在的损害；从银行实现盈利的角度看，较严重的信息不对称仅具有短期效应，银行更应该通过规范结构性理财产品的设计、发行和管理来实现长期的价值创造。本书将通过设计较为有效的方法和体系对结构性理财产品进行星级评价，以期对利益相关者具有一定的技术价值和应用价值。

1.3.1　技术价值

结构性理财产品已成为一种具有中国特色的金融创新工具，不仅产品设计本身应该具有较高的合理性，而且其销售管理也应该具有较高的公平性和透明性。本书围绕上述要求，通过设计一套综合评价指标体系，对结构性理财产品风险收益特征和信息披露程度进行星级综合评价，揭示结构性理财产品设计、发行、服务和管理存在的问题及其原因，并为分析提供必要的依据。

1.3.2 应用价值

结构性理财产品是一种因其具有多种风险，尤其由于涉及多维度信息，信息严重不完全而形成的衍生金融投资工具，可能超出一般投资者的经验、学习能力、理解能力和风险承受能力，甚至超出结构性理财产品销售人员的理解能力，从而使投资者因信息不完全而承受超能力的风险。通过对结构性理财产品进行评级研究，有助于保护投资者的利益、改善银行理财产品的发行和管理能力。

金融消费者是一种特定的消费群体，其权益保护工作受《消费者权益保护法》（以下简称《消保法》）及金融监管机构监管文件的双重保障。本书的研究是在 2014 年新《消保法》明确了与银行、证券和保险等金融机构构成交易关系的消费者适用于新《消保法》规定之后，上海市消费者权益保护委员会进行的一项有益的尝试，力图以较为复杂的结构性理财产品为例，基于消费者权益保护的视角，对金融产品进行专业和客观的星级评价，以期为政府部门提供决策参考、为银行同业提供竞争标尺、为金融消费者提供选择的依据。

1.4　研究的方法

　　本书采用专家访谈法和市场调研的方法进行研究。在确定结构性理财产品评价指标体系与权重的过程中，通过向相关专家进行访谈和咨询，以提高星级评价体系的科学性和合理性。同时，为了对结构性理财产品做出星级评价，本书通过对市场中存在的结构性理财产品进行详细的市场调研，收集充分的数据对其进行评价。

1.5　研究的对象与范围

　　本书的研究对象是结构性理财产品。从保护消费者权益的角度出发，本书仅对结构性理财产品的发行人专业能力、产品基本属性、产品条款设计、产品投资过程和产品信息披露与风险揭示方面进行星级评价。

　　本书的研究范围是 2016 年 1 月 1 日至 6 月 30 日到期的上海市场各类商业银行设计和销售的结构性理财产品。

1.6 研究的目标

基于结构性理财产品投资者权益保护的视角，本书从发行人的专业能力、产品基本属性、产品条款设计、产品投资过程和产品信息披露与风险揭示五个方面，对结构性理财产品进行星级评价，以作为揭示结构性理财产品投资风险、保护投资者权益选择和促进商业银行规范管理结构性理财产品的一种参考依据。

1.6.1 总体目标

在既定市场条件和自身对结构性理财产品认知有限的约束下，为了充分保护消费者权益，本书试图对特定结构性理财产品做出星级评价，发现结构性理财产品的消费者投资价值特征，以便供消费者投资决策参考，以及供银行机构改进专业能力参考。

1.6.2 具体目标

为了保护投资者的利益，本书将从发行人的专业能力、产品基本属性、产品条款设计、产品投资过程和产品信息披露与风险揭示五个方面对结构性理财产品进行星级评价，发现结构性理财产品的投资价值，鉴别结构性理财产品的设计、销售管理机构的市场诚信度。

第 2 章

中国商业银行结构性理财产品的发展环境

2.1 中国商业银行结构性理财产品发展的制度环境

为了加强对理财业务的监督管理，更好地保护投资者合法权益，提高商业银行理财业务风险管理水平，中国银行业监督管理委员会（简称银监会）在分析总结我国商业银行理财业务发展状况的基础上，依据我国现行金融法律制度，借鉴国内外理财业务监管实践经验，制定并实施了一系列的法规。从 2004 年商业银行理财业务诞生以来，银监会共出台了 32 部相关文件或者征求意见稿（见表 2-1）对其进行监管，内容囊括理财业务的资格准入、投资方向、风险管理、操作规范等各个方面。

2005 年 9 月，中国银监会制定颁布了《商业银行个人理财业务管理暂行办法》（以下简称《办法》）和《商业银行个人理财业务风险管理指引》（以下简称《指引》）等一系列监管规章和规范性文件，初步建立了商业银行理财业务监管框架，对规范商业银行理财业务初期运行、保护投资者合法权益、促进理财业务健康发展发挥了重要作用。

针对客户投诉商业银行理财产品的声誉风险和法律风险不断加大的问题，2006 年 6 月银监会发布了《关于商业银行开展个人理财业务风险提示的通知》，从产品开发设计、产品营销、信息披露、风险揭示、处理客户投诉机制和理财业务人员培训等方面提出具体要求。至此，我国商业银行个人理财业务有了比较清晰的法规依据和保障。

由于部分商业银行未按照 2005 年颁布的《办法》和《指引》中有关规定和要求开展理财业务，出现产品设计管理机制不健全、客户评估流于形式、风险揭示不到位等问题。对此，银监会于 2008 年 4 月颁布了《关于进一步规范商业银行个人理财业务有关问题的通知》，该通知以保护投资者利益为主旨，要求商业银行健全产品设计管理机制、建立客户评估机制、加强产品宣传与营销活动的合规性管理、切实做好信息披露，进一步细化了原有的监管要求。

我国银行业理财产品在规模扩张的同时其产品设计、营销方式和投资管理不断创新，因此原有的监管法规需要不断改进和完善。2011 年银监会印发《商业银行理财产品销售管理办法》，对宣传销售文本管理、理财产品风险评级、客户风险承受能力评估、理财产品销售管理、销售人员管理、销售内控制度、监督管理等方面做出详细规定，涵盖售前、售中和售后三个环节，对商业银行理财业务实施全面监督管理。

2012 年以来，我国商业银行理财资金直接或通过非银行金融机构、资产交易平台等间接投资于"非标准化债权资产"业务增长迅速。一些银行在业务发展中存在规避贷款管理、未及时隔离投资风险等问题。为有效防范和控制风险，2013 年 3 月银监会发布《关于规范商业银行理财业务投资运作有关问题的通知》，对商业银行理财产品投资非标准化债权资产的投资管理、信息披露、额度控制等方面进行规范监督。

2014 年 12 月银监会发布《商业银行理财业务监督管理办法（征求意见稿）（2014）》，2016 年 7 月银监会重启银行理财业务监管新规征求意见，《商业银行理财业务监督管理办法（征求意见稿）（2016）》出台。该征求意见稿吸纳了原有关于银行理财业务监管文件的重要内容，并提出一些创新性管理措施，从而形成了一个更为全面的监督管理文件（见表 2-1）。

表 2-1 中国商业银行理财产品制度规定

发布时间	相关规定
2005-09-24	《商业银行个人理财业务管理暂行办法》（银监会令〔2005〕2 号）
2005-09-24	《商业银行个人理财业务风险管理指引》（银监会令〔2005〕63 号）
2006-04-17	《商业银行开办代客理财业务管理暂行办法》（银发〔2006〕121 号）
2006-06-13	《关于商业银行开展个人理财业务风险提示的通知》（银监办发〔2006〕157 号）
2006-06-21	《关于商业银行开展代客境外理财业务有关问题的通知》（银监办发〔2006〕164 号）
2007-05-10	《关于调整商业银行代客境外理财业务境外投资范围的通知》（银监办发〔2007〕114 号）
2007-09-03	《关于进一步调整商业银行代客境外理财业务境外投资有关规定的通知》（银监办发〔2007〕197 号）
2007-11-28	《关于调整商业银行个人理财业务管理有关规定的通知》（银监办发〔2007〕241 号）
2008-04-03	《关于进一步规范商业银行个人理财业务有关问题的通知》（银监办发〔2008〕47 号）
2008-10-23	《关于进一步加强商业银行代客境外理财业务风险管理的通知》（银监办发〔2008〕259 号）
2009-04-28	《关于进一步规范商业银行个人理财业务报告管理有关问题的通知》（银监办发〔2009〕172 号）
2009-07-06	《关于进一步规范商业银行个人理财业务投资管理有关问题的通知》（银监发〔2009〕65 号）
2009-12-14	《关于进一步规范银信合作有关事项的通知》（银监发〔2009〕111 号）
2009-12-23	《关于规范信贷资产转让及信贷资产类理财业务有关事项的通知》（银监发〔2009〕113 号）
2009-12-30	《关于印发〈银行业个人理财业务突发事件应急预案〉的通知》（银监发〔2009〕115 号）
2010-08-05	《关于规范银信理财合作有关事项的通知》（银监发〔2010〕72 号）
2010-12-03	《关于进一步规范银行业金融机构信贷资产转让业务的通知》（银监发〔2010〕102 号）
2011-01-13	《关于进一步规范银信理财合作业务的通知》（银监发〔2011〕7 号）
2011-05-17	《关于规范银信理财合作业务转表范围和方式的通知》（银监发〔2011〕148 号）
2011-08-28	《商业银行理财产品销售管理办法》（银监会令发〔2011〕5 号）
2011-09-30	《关于进一步加强商业银行理财业务风险管理有关问题的通知》（银监发〔2011〕91 号）
2013-03-03	《国务院办公厅关于加强影子银行监管有关问题的通知》（国办发〔2013〕107 号）
2013-03-25	《关于规范商业银行理财业务投资运作有关问题的通知》（银监发〔2013〕8 号）
2013-06-14	《关于全国银行业理财信息登记系统（一期）运行工作有关事项的通知》（银监办发〔2013〕167 号）

续表

发布时间	相关规定
2013-08-15	《关于进一步做好全国银行业理财信息登记系统运行工作有关事项的通知》（银监办发〔2013〕213号）
2013-11-22	《关于全国银行业理财信息登记系统（二期）上线运行有关事项的通知》（银监办发〔2013〕265号）
2014-04-18	《关于加强农村中小金融机构非标转化债权资产投资业务监管有关事项的通知》（银监合〔2013〕11号）
2014-07-11	《关于完善银行理财业务组织管理体系有关事项的通知》（银监发〔2014〕35号）
2014-12-04	《商业银行理财业务监督管理办法》（2014年征求意见稿）
2016-07-26	《商业银行理财业务监督管理办法》（2016年征求意见稿）
2016-10	《人民银行关于将表外理财业务纳入"广义信贷"测算的通知》
2016-11-23	《商业银行表外业务风险管理指引》（修改征求意见稿）

数据来源：由本课题组整理而得。

从表2-1中我国商业银行理财产品的监管沿革历程来看，中国银行业监督管理委员会自2005年以来制定并实施了商业银行理财产品监管的相关规章和规范性文件，建立起我国银行业理财业务的监管框架并对其不断完善，对规范商业银行理财业务运行、保护投资者合法权益、促进银行业理财业务健康发展起到了一定的作用。但是，由于理财资金投资对象逐步扩大和理财产品结构复杂化，我国商业银行理财产品监管领域尚存在一些监管盲区及监管力度不足的问题。

2.2 中国商业银行结构性理财产品发展的经济环境

经济环境状况的变化直接影响着商业银行结构性理财产品的设计和销售方案，也显著影响了投资者对金融工具的选择心理。

其一，根据世界银行发布的数据（见图2-1）可以看到，2011~2015年，全球经济正在修复由次贷危机产生的冲击，全球经济增长率正在趋于稳定。与全球经济增长率不同的是，尽管中国经济增长率有不断下行的趋势，但依然远高于全球经济增长率（见图2-2），对结构性理财产品的设计和销售起到了正向影响。尽管上海市近5年来的经济增长速度也有放缓的趋势，但仍然为结构性理财产品投资提供了重要的经济基础。

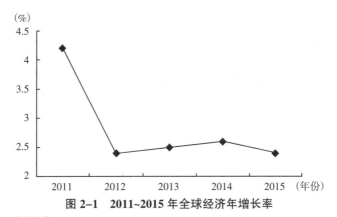

图2-1 2011~2015年全球经济年增长率

数据来源：世界银行。

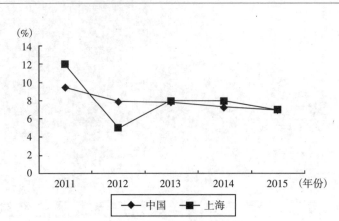

图 2-2　GDP 环比年增长率

数据来源：《中国统计年鉴》、《上海统计年鉴》。

其二，次贷危机严重影响了中国经济增长方式，近 5 年来出口贸易的增长率滑坡严重（见图 2-3），从而使投资与消费成为促进经济发展的重要驱动力，对投资者选择商业银行的结构性理财产品产生了重要影响。

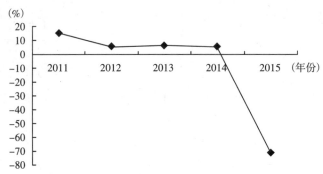

图 2-3　中国出口贸易年增长率

数据来源：《中国统计年鉴》。

其三，近 5 年来，中国的物价指数经历了明显下降的过程（见图 2-4），从而引致无风险收益率出现明显的下降过程，投资者寻求更高收益的愿望更加迫切，为商业银行结构性理财产品的发展留下了机会。

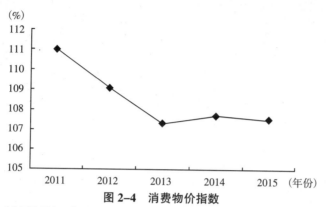

图 2-4　消费物价指数

数据来源：《中国统计年鉴》。

其四，消费方式的改变严重影响了消费者的储蓄意愿，边际消费倾向不断增加，收入约束很可能成为继续扩张消费欲望的一个关键点（见图 2-5~图 2-7），获取较高投资收益的意愿有增强趋势。

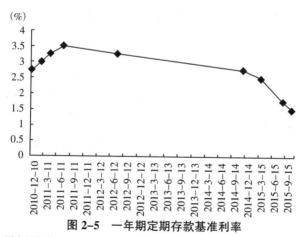

图 2-5　一年期定期存款基准利率

数据来源：中国人民银行。

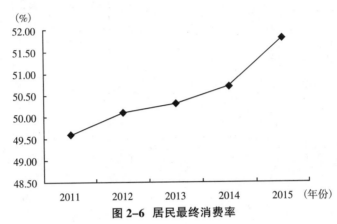

图 2-6 居民最终消费率

数据来源：《中国统计年鉴》。

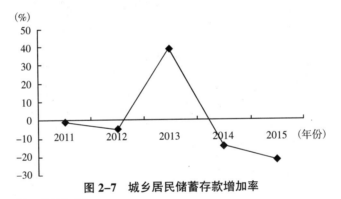

图 2-7 城乡居民储蓄存款增加率

数据来源：《中国统计年鉴》。

上海市各项存款余额不断增加（见图 2-8），但增速波动较大，可能的原因是结构性理财产品产生了一定的替代性。这为结构性理财产品市场迅速发展提供了重要消费基础。

其五，近 5 年来，城镇居民的可支配收入增长率正在趋于稳定（见图 2-9），但消费的快速增长对收入增加同样具有较高的诉求，因而投资潜在收益较高的商业银行结构性理财产品是一种可行的选择。

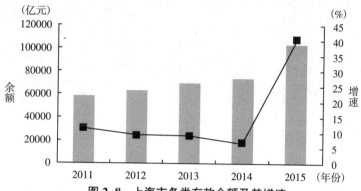

图2-8 上海市各类存款余额及其增速

数据来源:《上海统计年鉴》。

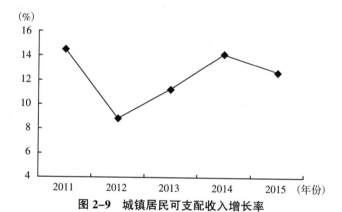

图2-9 城镇居民可支配收入增长率

数据来源:《中国统计年鉴》。

2.3　中国商业银行结构性理财产品的金融环境

上证指数波动剧烈，产生了巨大的波幅（见图 2-10），使股票市盈率出现了巨大波动（见图 2-11），投资风险巨大。收益相对稳定的商业银行的结构性理财产品是替代股市投资的一种可行选择。为了避免因投资技能原因而放弃股市投资的潜在高收益机会，选择可参与股市的挂钩结构性理财产品具有较大的吸引力。

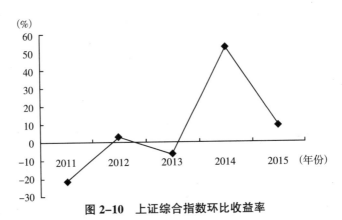

图 2-10　上证综合指数环比收益率

数据来源：Wind 数据。

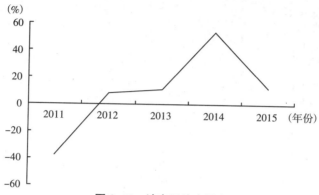

图 2-11　沪市平均市盈率

数据来源：Wind 数据。

　　自 2013 年开始，美元兑人民币汇率有明显的升值趋势（见图 2-12），但对于是否能够持续并上升至更高的水平，普通投资者缺乏专业分析能力，因此可能会选择商业银行的结构性理财产品，试图分享汇率变化带来的潜在收益。同时，黄金价格变动剧烈、原油价格变动剧烈、利率变动频繁，都有明显的上升趋势（见图 2-13～图 2-16），所以消费者投资结构性理财产品具有可以分享银行高水平专业人员分析成果的优势。

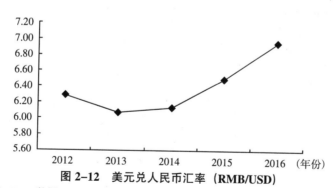

图 2-12　美元兑人民币汇率（RMB/USD）

数据来源：Wind 数据。

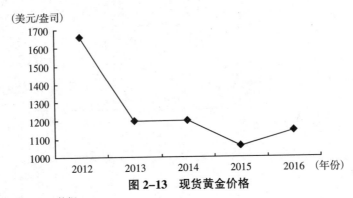

图 2-13 现货黄金价格

数据来源：Wind 数据。

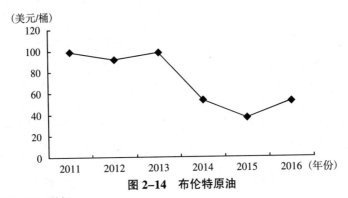

图 2-14 布伦特原油

数据来源：Wind 数据。

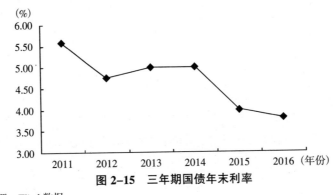

图 2-15 三年期国债年末利率

数据来源：Wind 数据。

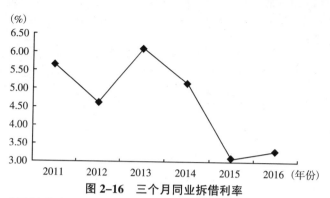

图 2-16　三个月同业拆借利率

数据来源：中国人民银行。

近 5 年来，中国的商业银行积极设计、销售和管理理财产品，银行理财产品的发行额巨大、发行速度迅猛（见图 2-17），理财产品投资收益率丰厚，与同期国债利率和存款利率相比具有明显优势（见图 2-18），对投资者产生了较强的吸引力。

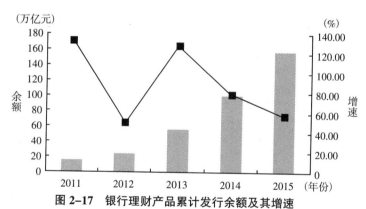

图 2-17　银行理财产品累计发行余额及其增速

数据来源：普益数据。

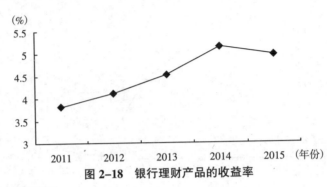

图 2-18　银行理财产品的收益率

数据来源：普益数据。

　　上海作为中国的经济和金融中心，银行机构遍布全市，理财产品种类齐全，已经成为银行理财产品重点发展的市场。课题组试图立足于上海的金融市场环境，重点分析风险相对较高的结构性理财产品，为保护银行和投资者的利益，为政府监管部门改善金融市场效率提供一定的资讯数据和政策性建议。

2.4 中国商业银行理财产品的市场特征

中国的商业银行理财业务始于 2004 年光大银行先后推出的首只个人外币理财产品和首只国内人民币理财产品,在之后十几年的发展过程中,参与发行理财产品的银行数量不断增加,商业银行推出理财产品的频率不断加快,发行规模也迅速扩张。理财产品已经成为中国经济中短期融资的重要手段。理财业务的发展一方面是源于利率管制条件下的传统存款利率较低,货币基金和互联网金融等高流动性金融工具的发展使传统的商业银行面临"金融脱媒"的压力;另一方面,在效益目标的驱动下,表外业务成为商业银行绕开信贷规模管理的重要通道,借助理财业务,以及信托公司和租赁公司等非银行金融机构的平台,商业银行可以将表内的信贷业务转化为表外业务。从长远来看,作为通胀背景下低收益回报存款的替代品,理财产品的发展将是趋势性的。根据中国理财网的统计,截至 2016 年 6 月底,全国共有 454 家银行业金融机构有存续的理财产品,理财产品 68961 只;理财资金账面余额 26.28 万亿元,较 2016 年初增加 2.78 万亿元,增幅为 11.83%;其中,开放式理财产品存续余额 11.26 万亿元,增长 0.94 万亿元,增幅为 9.11%。

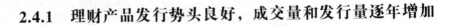
2.4.1 理财产品发行势头良好，成交量和发行量逐年增加

2016 年上半年，银行业理财市场累计发行理财产品 97636 只，累计募集资金 83.98 万亿元。2016 年，我国的理财产品无论在发行机构的数量还是在发行产品的数量上都较 2015 年有了明显的增加。如图 2-19 所示，2014~2016 年，银行理财产品募集的资产余额呈现较快增长，特别是在 2013 年 "钱荒" "利率市场化" 的影响下，商业银行理财产品的增长速度进一步加快，而且理财产品的发行机构大多是城市商业银行，可见个人理财业务的发展已经是银行业务不可或缺的一部分。

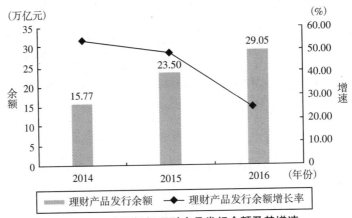

图 2-19　全国银行理财产品发行余额及其增速

数据来源：中国理财网。

2.4.2 商业银行理财产品的收益类型特征

商业银行理财产品稳健型收益特征明显（见图 2-20），其中非保本浮动收益类产品占整个理财市场的比例为 70.14%，在银行业理财产品市场占主导地位。保本浮动收益类产品占比 22.93%，保本固定收益类产品仅占 6.93%。

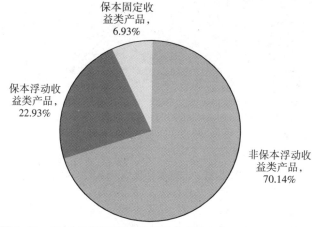

图 2-20 2016 年银行理财产品的余额结构（1~6 个月到期）

数据来源：Wind 数据。

商业银行各收益类型理财产品的发行金额如表 2-2 所示。很明显，非保本型理财产品的占比呈现逐季增加的趋势（见图 2-21）。可获得稳定收益的保证收益类产品的增幅明显低于浮动收益类产品。

表 2-2 不同收益类型理财产品的发行情况

单位：万亿元

季度	全部	保本固定型	保本浮动型	非保本型
2015Q1	19872	2198	4207	13467
2015Q2	21358	2263	4130	14965
2015Q3	19337	1663	4247	13427
2015Q4	19882	1569	3891	14422
2016Q1	22036	1580	5074	15382
2016Q2	24675	1774	5561	17340

数据来源：Wind 数据。

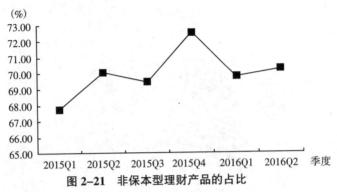

图 2–21　非保本型理财产品的占比

数据来源：Wind 数据。

2.4.3　商业银行理财产品的委托期限特征

如图 2–22 所示，2016 年 1~6 月发行的理财产品的期限结构集中在 1~6 个月，占比高达 82.14%，其中以 1~3 个月理财产品为主，占理财产品总额的 58.28%。1 个月以内和半年以上的理财产品相对较少。

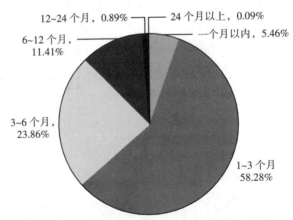

图 2–22　2016 年 1~6 月银行理财产品期限结构

数据来源：Wind 数据。

2.4.4　商业银行理财产品的收益率特征

2016 年 3~6 月上海市场银行发行理财产品的预期到期期限约 98.35%

控制在 12 个月以内，理财产品的到期期限越长，预期年化收益率越高（见表 2-3）。

表 2-3 银行理财产品预期年化收益率

单位：%

时间	1 个月以下	1~3 个月	3~6 个月	6~12 个月	1 年以上
2016-03	3.43	4.05	3.88	3.66	2.68
2016-04	3.41	3.97	3.77	3.61	3.26
2016-05	3.53	4.11	4.50	3.12	4.38
2016-06	3.30	3.86	3.82	3.65	3.63

数据来源：Wind 数据。

从银行理财产品到期收益率的披露情况来看，约 79.59% 的理财产品没有公开到期收益率，而从已披露到期收益率的理财产品来看（见图 2-23），2016 年 1~6 月银行理财产品到期年化收益率为 3%~5% 的占比是 70.55%，到期年化收益率高于 8% 的理财产品没有观测值。

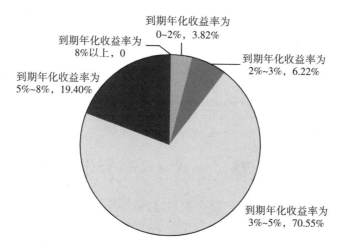

图 2-23 银行理财产品到期年化收益率的区间分布

注：未披露到期收益率的理财产品占比 79.59%，披露到期收益率的理财产品占比 20.41%。
数据来源：Wind 数据。

从预期收益率与到期收益率的对比来看，在已披露到期收益率的理财产品中（见图 2–24），到期收益率大于和小于预期收益率的理财产品分别仅占 0.20% 和 0.10%，99.70% 的商业银行理财产品到期收益率与预期收益率相符。

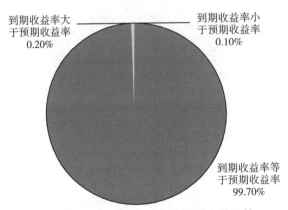

图 2–24　到期收益率与预期收益率的比较

注：未披露到期收益率的理财产品占比 79.59%，未披露预期收益率的产品占比 0.72%，披露到期收益率的理财产品占比 20.41%。

数据来源：Wind 数据。

2.4.5　不同类型商业银行发行的理财产品情况

如表 2–4 所示，2016 年上半年各类银行机构[①] 发行的理财产品市场占比明显不均，其中股份制银行明显占优，国有银行次之，外资银行占比最少。

2.4.6　商业银行理财产品资金投资的范围广泛

理财产品发展的初期，资金投放主要集中于国债、央票和金融债等渠道，理财产品同质化明显。随着时间的推移，市场竞争日趋激烈，各

---

① 国有大型银行包括中国工商银行、中国农业银行、中国银行、中国建设银行和交通银行。

全国性股份制银行包括中信银行、光大银行、华夏银行、民生银行、招商银行、兴业银行、广发银行、平安银行、浦发银行、恒丰银行、浙商银行和渤海银行。

其他机构包括国家开发银行、邮政储蓄银行、中国农业发展银行。

表2-4 2016年上半年银行理财产品资金余额情况

单位：万亿元

月份	国有银行	股份制银行	城商行	外资银行	农村金融	其他机构	合计
1	8.39	10.06	3.2	0.29	1	0.68	23.62
2	8.8	10.41	3.36	0.31	1.1	0.73	24.72
3	8.46	10.3	3.48	0.31	1.19	0.76	24.5
4	9.03	10.65	3.63	0.34	1.31	0.82	25.78
5	9.16	10.64	3.69	0.33	1.38	0.85	26.06
6	9	10.89	3.74	0.3	1.44	0.91	26.28

数据来源：银行业理财登记托管中心。

商业银行开始重视在不同市场上的理财产品开发，突出产品的差异化，理财产品的种类日益丰富。根据 Wind 资讯的统计数据可以看出，当前商业银行理财产品的投资对象大致可分为利率类、债券类、票据类、股票类、信贷资产类、汇率类、商品类及其他八类，投资范围涵盖信贷市场、债券市场、股票市场、商品和公司股权等多个领域。从 2016 年 1~6 月到期的理财产品的资产配置来看（见表 2-5），利率产品和债券是商业银行理财产品资金配置最重要的两类资产。

表2-5 2016年上半年银行理财产品资产配置

单位：只

月份	利率	债券	票据	股票	信贷资产	汇率	商品	其他
1	1549	1287	151	156	112	46	35	1332
2	1195	1077	136	130	99	39	36	1034
3	1587	1294	163	181	122	50	12	1340
4	1377	1070	125	139	105	38	50	1104
5	1552	1266	192	180	152	41	64	1305
6	1822	1416	212	176	132	37	82	1499

数据来源：Wind 数据。

2.4.7 商业银行结构性理财产品挂钩标的特征

由于各类银行机构的专业能力和市场影响力存在差异，发行结构性理财产品的挂钩标的在各类商业银行间存在较大差异（见表2-6），其中指数类挂钩产品发行量最大，其次为现货价格，汇率类产品较少。

表 2-6 2016 年上半年结构性理财产品各类挂钩发行数量

单位：只

理财产品	国有银行	股份制银行	城商行	农村金融机构	外资银行	总计
股票	—	68	—	—	9	77
汇率	67	183	1	—	78	329
基金	—	26	—	—	51	77
利率	2	232	—	110	54	398
期货	8	1	6	—	—	15
现货	4	—	2	—	—	6
现货价格	276	159	3	—	—	438
汇率，现货价格	—	1	—	—	—	1
指数	218	65	138	2	135	558
指数，期货	1	1	—	—	—	2
总计	576	736	150	112	327	1901

数据来源：普益标准。

第 3 章

上海市场商业银行结构性理财产品的现状与特点

3.1　上海市场商业银行结构性理财产品的现状

　　银行理财产品是个人财富管理的一种重要工具，也是商业银行获得非利息收入的重要来源之一。根据服务对象不同，国内外商业银行习惯上将向机构或企业客户提供的理财服务称为资产管理业务，将向个人客户提供的理财服务称为个人财富管理业务。我国银监会颁布的《商业银行个人理财业务管理暂行办法》第一章第二条将银行理财产品定义为：商业银行为个人客户提供的财务分析、财务规划、投资顾问和资产管理等专业化服务活动。

　　结构性理财产品是商业银行为客户提供个性化投资产品的一类选择，能够较高程度地满足不同客户风险偏好和收益预期的个性化需求，丰富客户财富管理中的投资品种，同时也为商业银行带来管理费收入。我国的结构性理财产品是高度具有中国特色的金融创新，不仅与货币型基金存在很大差异，而且与国际通常的结构性存款或结构性金融产品也存在较大差异。美国花旗银行、富国银行、高盛集团和巴克莱银行等国际知名大行所发行的结构性金融产品与中国市场商业银行发行的结构性理财产品有重大差异。

　　2003 年在华外资商业银行首先推出挂钩外汇的结构性理财产品，2004 年 3 月《金融机构衍生产品交易业务管理暂行办法》颁布实施后，四大国有商业银行及一些股份制商业银行纷纷推出结构性理财产品，主要通过与利率、汇率、股指和商品等挂钩，构建投资组合，成为一种新的投资工具。据不完全统计，2015 年我国 32 家商业银行共发行了 3754 款结构性理财产品[①]，2016 年上半年发行 1901 款结构性理财产品[②]，但上海市场商业银行的结构性理财产品发行情况无公开统计数据。系统分析结构性理财产品的现状、评价结构性理财产品的设计与管理存在的问题，对于规范和发展结构性理财产品市场、合理保护投资者的权益具有重要的意义。

结构性理财产品的类型众多、结构复杂和挂钩标的多样，投资运作的专业化程度高，往往容易引发消费者权益保护的争议。上海市商业银行理财业务联席会议成员单位 2013 年和 2014 年发布的《上海市商业银行理财业务年度报告》均以示例的方式对结构性理财产品进行了介绍，但对于从金融消费者权益保护的视角对结构性理财产品的收益风险特性和信息透明度进行评价，尚未见到公开的系统研究。

---

① 金苹苹：《结构性理财产品 2015 年盘点：发行缩量　收益缩水》，《上海证券报》2016 年 2 月 5 日。
② 数据来源：普益标准。

3.2 上海市场商业银行结构性理财产品的特点

在上海市消费者权益保护委员会的委托下，上海师范大学课题组通过各银行网站、中国理财网和 Wind 资讯等公开渠道，广泛收集信息，最终获得 627 只结构性理财产品的信息，试图对商业银行发行的结构性理财产品的收益风险特性和信息透明度进行综合评价，分析结构性理财产品的设计与管理中存在的问题，既有助于保护消费者的利益，又有助于商业银行改善产品设计、服务和管理，提升金融市场的效率。本部分的统计结果均为各类结构性理财产品数量，百分比除外。

3.2.1 期限结构

上海市场商业银行发行的结构性理财产品具有如图 3–1 所示的期限结构。结构性理财产品的期限主要集中在 1~3 个月，其次为 3~6 个月，1 个月以内到期产品和 1 年以上到期的结构性理财产品很少，数量均不超过 50 个，占比不超过 5%。

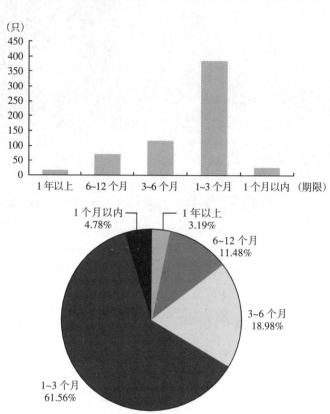

图 3–1　上海市场商业银行结构性理财产品的期限结构

数据来源：课题组整理。

3.2.2　内部评级

上海市场商业银行发行的结构性理财产品近一半的内部评级集中在 2 级，近 3 成的产品内部评级为 1 级（见图 3–2），尽管产品的评级可能因银行对风险的分类等级存在差异，但总体说明商业银行内部普遍将结构性理财产品定位为投资风险较低的产品。

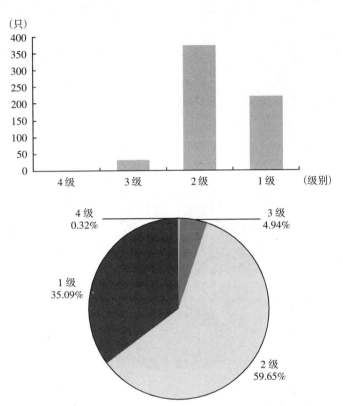

图3-2 上海市场商业银行结构性理财产品的内部评级

数据来源：课题组整理。

3.2.3 募集资金总额

上海市场商业银行发行的结构性理财产品中近一半不披露募集资金的总额或募集资金总额超过10亿元，募集总额总体较大，仅有12.78%的结构性理财产品发行面值低于1亿元（见图3-3）。

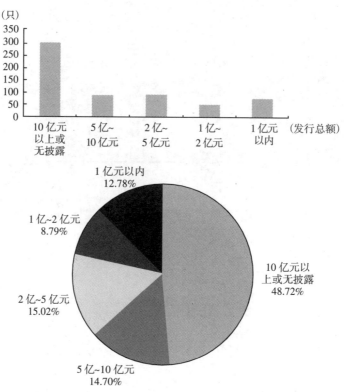

图3-3 上海市场商业银行结构性理财产品的发行总额

数据来源：课题组整理。

3.2.4 认购起点

上海市场商业银行发行的结构性理财产品中认购起点在5万元以内的超过80%，认购起点超过20万元的不足5%，说明参与投资的门槛较低，符合非专业的中小投资者的需求，商业银行结构性理财产品的市场参与者较为广泛（见图3-4）。

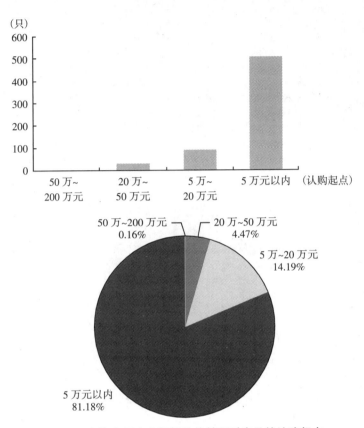

图 3-4　上海市场商业银行结构性理财产品的认购起点

数据来源：课题组整理。

3.2.5　产品目标客户定位

上海市场商业银行发行的结构性理财产品能够详细说明产品目标客户定位的不足 50%，甚至有 22.68% 的结构性理财产品没有公开说明市场定位，可能导致投资者误读和误投（见图 3-5）。

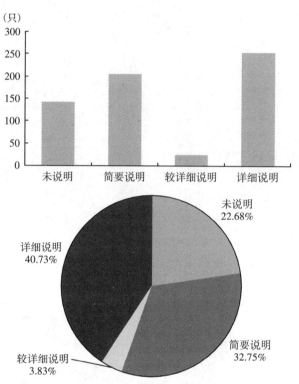

图 3-5　上海市场商业银行结构性理财产品的产品目标客户定位

数据来源：课题组整理。

3.2.6　投资范围

投资范围属于投资风险的重要的判断依据，上海市场商业银行发行的结构性理财产品中，有 43.70% 的产品简要说明投资范围，有 38.76% 的产品未说明投资范围，有 11.00% 的产品投资范围说明不清晰，仅有 6.54% 的产品能够较详细地说明投资范围（见图 3-6）。

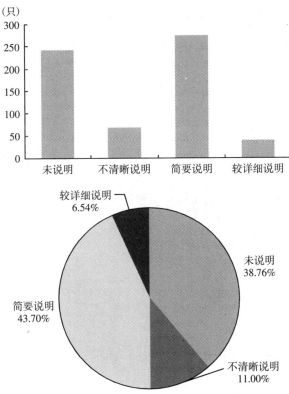

图 3-6 上海市场商业银行结构性理财产品的投资范围

数据来源：课题组整理。

3.2.7 信息披露频率

上海市场商业银行发行的结构性理财产品中，在存续期内能够向投资者披露信息的占 91.55%，能够 2 次以上向投资者披露信息的占 84.69%，能够 3 次以上向投资者披露信息的仅占 34.61%。尽管结构性理财产品的总体存续期较短，有较高比例的结构性理财产品能够向投资者披露相关信息，但值得注意的是，有 8.45% 的结构性理财产品无披露或无渠道收集信息（见图 3-7）。

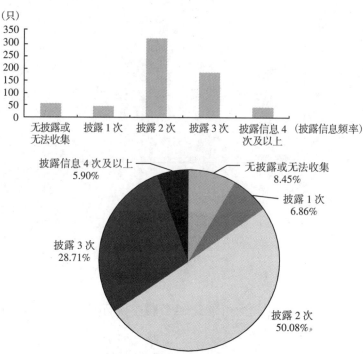

图 3-7　上海市场商业银行结构性理财产品的信息披露频率

数据来源：课题组整理。

　　商业银行在上海市场通过设计、发行和管理结构性理财产品，不仅满足了上海投资者理财的需要，而且在上海经济发展中发挥了积极的金融中介功能，为资金需求者获得高效流动性发挥了重要作用。结构性理财产品作为一种商业银行内部评价风险较低的金融工具，认购起点较低、到期期限短、预期最高收益的诱惑力强，很容易吸引投资者参与，尤其受到老年投资者的喜爱。

　　上海市消费者保护委员会发起的一项对 2011 名老年人消费支出的调查结果表明，约有 11.30% 的老年人购买过理财产品，其中有 22.80% 的老年人会购买银行推荐的结构性理财产品；购买结构性理财产品的老年人中约有 76.90% 的投资者认为结构性理财产品的风险较低，23.10% 认为预期收益较高。商业银行的专业能力得到了老年投资者的高度信赖，57.7%

的老年投资者认为银行结构性理财产品经理的专业能力值得信赖。

由于结构性理财产品的种类繁多，单一产品平均发行金额较低，到期期限较短，认购起点较低，出于管理效率原因，信息披露可能无法参照公募基金的标准来要求，但银行与投资者之间存在结构性理财产品的信息不对称，具有潜在损害双方利益的可能性。一方面可能引发投资者对结构性理财产品投资风险的误判，损害银行结构性理财产品的市场声誉；另一方面可能使银行因信息披露问题招致不必要的投诉或诉讼。例如，在结构性理财产品说明书中，投资者定位不够清晰，投资范围模糊，到期收益经常无法实现预期最高收益。商业银行尽管按照监管要求对结构性理财产品的风险定位、风险等级给出了说明，但信息不对称的事实依然使投资者感觉不靠谱。当然，投资者需要充分认识结构性理财产品风险，但市场公平性的关键可能还在于商业银行充分、及时、相关的信息披露。唯有降低银行与消费者之间有关结构性理财产品的信息不对称，才可能实现结构性理财产品市场的公平与效率，增加消费者的满意度。

3.3 上海市场商业银行结构性理财产品投资收益率的统计

对于结构性理财产品的投资者而言，结构性理财产品预期收益代表着银行的一份承诺和责任，是投资者按照正常情况应该享有的一种权益，是投资者对银行的一种信托；实际收益代表着银行的专业能力，是取信于投资者的前提，是扩大结构性理财产品市场影响力的依据。本部分重点对占比最高、到期期限在 3 个月以内、2016 年上半年到期的 437 种上海市场商业银行结构性理财产品的预期最高收益、到期收益和预期最高收益的数据给出了排名，作为判断各商业银行保护消费者权益成效的一种客观依据。

3.3.1 预期最高收益统计

在上海市场中，从结构性理财产品预期最高收益统计的结果来看（见表 3-1），星展银行发行的"股得利"系列 1605 期-3 个月人民币结构性投资产品的预期收益最高，达到 20%，是很少见的高收益结构性理财产品。

在上海市场中，江苏银行发行的结构性理财产品预期最高收益的均值最高，平均达到 15.40%（见表 3-2），是最低的兴业银行结构性理财产品预期最高收益的 5.27 倍，结构性理财产品预期最高收益差异巨大。

表 3-1　上海市场结构性理财产品预期最高收益统计

名次	银行名称	预期收益（%）	产品名称
第 1 名	星展银行	20.00	"股得利"系列 1605 期-3 个月人民币结构性投资产品
第 2 名	江苏银行	18.50	2016 年"聚宝财富专享 4 号（结构性）1608/1609 期"人民币理财产品
第 3 名	招商银行	14.00	招商银行焦点联动系列之中证 500 指数表现联动
第 4 名	交通银行	9.10	2016 年"得利宝黄金挂钩 90 天"（看涨跨价）结构性人民币理财产品
第 5 名	平安银行	9.00	平安财富-结构类（100%保本挂钩股票）资产管理类 2016 年 073 期人民币理财产品

数据来源：课题组整理。

表 3-2　上海市场结构性理财产品预期最高收益均值统计

名次	银行名称	预期收益均值（%）	观测数
第 1 名	江苏银行	15.40	5
第 2 名	星展银行	10.67	51
第 3 名	光大银行	10.37	5
第 4 名	华夏银行	7.73	32
第 5 名	交通银行	6.99	39
第 6 名	招商银行	6.11	12
第 7 名	永亨银行	6.00	19
第 8 名	华侨银行	5.88	41
第 9 名	恒生银行	5.63	106
第 10 名	广发银行	5.52	70
第 11 名	平安银行	4.91	81
第 12 名	农业银行	4.26	68
第 13 名	民生银行	3.95	9
第 14 名	渤海银行	3.64	28
第 15 名	南洋商业银行	3.35	30
第 16 名	兴业银行	2.92	24
第 17 名	渣打银行	—	5

数据来源：课题组整理。

3.3.2 到期收益统计

在上海市场中，星展银行发行的结构性理财产品"'股得利'系列1606期–3个月人民币结构性投资产品"到期收益率最高，达到8.98%（见表3–3）。所有到期收益率较高的产品均是非保本结构性理财产品。

表3–3 上海市场结构性理财产品到期收益最高值统计

名次	银行名称	到期收益（%）	产品名称
第1名	星展银行	8.98	"股得利"系列1606期–3个月人民币结构性投资产品
第2名	广发银行	8.00	2016年广银安富联动共赢第1期人民币理财产品 ZZLDGY0001
第3名	交通银行	7.63	2016年"得利宝黄金挂钩90天"（看涨跨价）结构性人民币理财产品2461160032
第4名	平安银行	5.47	平安财富–结构类（100%保本挂钩股票）资产管理类2016年038期人民币理财产品
第5名	招商银行	5.30	招商银行焦点联动系列之布伦特原油（SPGCBRP INDEX）表现联动（向上触碰型）非保本理财计划

数据来源：课题组整理。

在上海市场中，民生银行发行的结构性理财产品到期收益的均值最高，达到3.95%（见表3–4），是排名最后的恒生银行结构性理财产品到期收益的3.52倍，说明从各银行结构性理财产品的管理结果来看，到期收益差异巨大。

表3–4 上海市场结构性理财产品到期收益均值排名

名次	银行名称	到期收益（%）	观测数
第1名	民生银行	3.95	9
第2名	农业银行	3.93	68
第3名	永亨银行	3.76	19
第4名	渤海银行	3.64	28
第5名	星展银行	3.51	51
第6名	南洋商业银行	3.35	30

续表

名次	银行名称	到期收益（%）	观测数
第7名	广发银行	3.16	70
第8名	交通银行	3.13	39
第9名	华侨银行	3.06	41
第10名	招商银行	3.04	12
第11名	兴业银行	2.91	24
第12名	光大银行	2.63	4
第13名	平安银行	2.13	81
第14名	华夏银行	2.12	32
第15名	江苏银行	1.80	5
第16名	恒生银行	1.12	106
第17名	渣打银行	—	5

注：按照到期收益简单算术平均计算。
数据来源：课题组整理。

3.3.3 到期收益率与预期最高收益率比值的统计

在上海市场中，南洋商业银行、渤海银行和民生银行发行的结构性理财产品的预期最高收益 100% 实现，而江苏银行的预期最高收益实现程度仅为 11.24%（见表 3-5），说明部分银行结构性理财产品的预期最高收益存在夸大嫌疑。

表 3-5 上海市场结构性理财产品到期收益率与预期最高收益率的比值（全期限）统计

名次	银行名称	到期收益率与预期最高收益率比值（%）	观测数
第1名	南洋商业银行	100	30
第2名	渤海银行	100	28
第3名	民生银行	100	9
第4名	兴业银行	94.08	24
第5名	农业银行	92.38	68
第6名	华侨银行	79.17	41

名次	银行名称	到期收益率与预期最高收益率比值（%）	观测数
第 7 名	广发银行	67.24	70
第 8 名	恒生银行	65.47	106
第 9 名	永亨银行	62.72	19
第 10 名	星展银行	54.86	51
第 11 名	招商银行	54.63	12
第 12 名	平安银行	52.85	81
第 13 名	交通银行	44.60	39
第 14 名	华夏银行	27.69	32
第 15 名	光大银行	21.74	5
第 16 名	江苏银行	11.24	5
第 17 名	渣打银行	—	5

注：①计算值大于 100 取 100，小于 0 取 0；②渣打银行无预期最高收益数据；③本表按照各银行到期结构性理财产品投资价值的均值排名，如果投资价值的均值相同，按观测数排名。

数据来源：课题组整理。

在上海市场中，南洋商业银行、渤海银行和民生银行发行的结构性理财产品的到期收益率与预期最高收益率之差约为 0，而江苏银行到期收益率与预期最高收益率之差为–13.60%（见表 3–6），说明各银行结构性理财产品的投资者预期及满足度存在巨大差异。

表 3–6 上海市场结构性理财产品到期收益率与预期最高收益率之差（全期限）统计

名次	银行名称	到期收益率与预期最高收益率之差（%）	观测数
第 1 名	南洋商业银行	0.0017	30
第 2 名	渤海银行	0.0000	28
第 3 名	民生银行	0.0000	9
第 4 名	兴业银行	–0.0104	24
第 5 名	农业银行	–0.3257	68
第 6 名	永亨银行	–2.2368	19
第 7 名	广发银行	–2.3631	70
第 8 名	平安银行	–2.7791	81

名次	银行名称	到期收益率与预期最高收益率之差（%）	观测数
第 9 名	华侨银行	−2.8195	41
第 10 名	招商银行	−3.0700	12
第 11 名	交通银行	−3.8646	39
第 12 名	恒生银行	−4.5103	106
第 13 名	华夏银行	−5.6044	32
第 14 名	星展银行	−7.1665	51
第 15 名	光大银行	−8.2700	5
第 16 名	江苏银行	−13.6000	5
第 17 名	渣打银行	—	5

注：①计算值大于 100 取 100，小于 0 取 0；②渣打银行无预期最高收益数据；③本表按照各银行到期结构性理财产品到期收益率与预期最高收益率之差的均值排名，如果到期收益率与预期最高收益率之差的均值相同，按观测数排名。

数据来源：课题组整理。

在上海市场中，在比例最高的到期期限为 3 个月的结构性理财产品中，华侨银行与民生银行发行的结构性理财产品的到期收益率与预期最高收益率的比值为 100%（见表 3-7），而江苏银行仅为 11.24%，说明各银行结构性理财产品的投资者预期的满足度存在巨大差异。

表 3-7　上海市场结构性理财产品到期收益率与预期最高收益率的比值
（3 个月内到期）统计

名次	银行名称	到期收益率与预期最高收益率比值（%）	观测数
第 1 名	华侨银行	100.00	30
第 2 名	民生银行	100.00	2
第 3 名	兴业银行	94.36	24
第 4 名	农业银行	91.92	57
第 5 名	恒生银行	90.51	57
第 6 名	南洋商业银行	87.75	20
第 7 名	广发银行	84.50	42
第 8 名	星展银行	66.79	44

名次	银行名称	到期收益率与预期最高收益率比值（%）	观测数
第9名	永亨银行	60.13	13
第10名	平安银行	58.54	30
第11名	招商银行	54.63	12
第12名	交通银行	44.60	39
第13名	渤海银行	35.38	28
第14名	江苏银行	11.24	5

注：①华夏银行、光大银行和渣打银行无到期的3个月内结构性理财产品；②本表按照各银行到期结构性理财产品投资价值的均值排名。

数据来源：课题组整理。

在上海市场中，华侨银行和民生银行发行的结构性理财产品的到期收益率与预期最高收益率之差约为0，而江苏银行到期收益率与预期最高收益率之差为-13.60%（见表3-8），说明各银行结构性理财产品的投资者预期及满足度存在巨大差异。

表3-8　上海市场结构性理财产品到期收益率与预期最高收益率之差
（3个月以内到期）统计

名次	银行名称	到期收益率与预期最高收益率之差（%）	观测数
第1名	华侨银行	0.0067	30
第2名	民生银行	0.0000	2
第3名	兴业银行	-0.0021	24
第4名	农业银行	-0.3430	57
第5名	南洋商业银行	-1.0215	20
第6名	广发银行	-1.1288	42
第7名	恒生银行	-1.5882	57
第8名	永亨银行	-2.3923	13
第9名	平安银行	-2.7363	30
第10名	招商银行	-3.0700	12
第11名	交通银行	-3.8646	39
第12名	渤海银行	-4.0821	28

续表

名次	银行名称	到期收益率与预期最高收益率之差（%）	观测数
第 13 名	星展银行	-5.3436	44
第 14 名	江苏银行	-13.6000	5

注：①华夏银行、光大银行、渣打银行无到期的 3 个月内结构性理财产品；②本表按照各银行到期结构性理财产品投资价值的均值排名。

数据来源：课题组整理。

在上海市场中，从商业银行发行的结构性理财产品的挂钩标的来看（见表 3-9），与利率挂钩的结构性理财产品的到期收益率与预期最高收益率的比值约为 100%，而与股票挂钩的结构性理财产品的到期收益率与预期最高收益率的比值为 25.59%，说明不同挂钩标的结构性理财产品的投资者预期及满足度存在巨大差异。

表 3-9　上海市场结构性理财产品到期收益率与预期最高收益率的比值（按挂钩系列）统计

名次	挂钩对象	到期收益率与预期最高收益率的比值（%）	观测数
第 1 名	利率	99.86	107
第 2 名	汇率	76.23	205
第 3 名	黄金	70.37	91
第 4 名	原油	69.40	8
第 5 名	基金	40.00	15
第 6 名	股指	38.94	147
第 7 名	期货	26.89	7
第 8 名	股票	25.59	32

数据来源：课题组整理。

在上海市场中，从商业银行发行的结构性理财产品的挂钩标的来看（见表 3-10），与利率挂钩的结构性理财产品的到期收益率与预期最高收益率之差为 -0.0168%，而与基金挂钩的结构性理财产品的到期收益率与预期最高收益率之差为 -13.6919%，说明不同挂钩标的结构性理财产品的投资者预期及满足度存在巨大差异。

表 3-10 上海市场结构性理财产品到期收益率与预期最高收益率之差
（按挂钩系列）统计

名次	挂钩对象	到期收益率与预期最高收益率之差（%）	观测数
第 1 名	利率	−0.0168	107
第 2 名	汇率	−1.2137	205
第 3 名	原油	−1.4863	8
第 4 名	黄金	−1.8206	90
第 5 名	期货	−5.2143	7
第 6 名	股指	−5.6839	150
第 7 名	股票	−6.8563	32
第 8 名	基金	−13.6919	26

数据来源：课题组整理。

第 4 章

上海市场商业银行结构性理财产品的星级评价方法

从投资者利益保护的角度看，及时获得与结构性理财产品相关的充分信息是控制投资风险的重要举措；从监管层维护市场有效性的角度看，尽管银监会对结构性理财产品的设计、销售和信息披露等相关方面进行了详细的规范性说明，但在具体操作过程中银行与投资者之间依然存在着信息不对称的可能性，并可能误导投资者，从而对投资者的利益造成潜在的损害；从银行实现盈利的角度看，较严重的信息不对称仅具有短期效应，银行更应当通过规范结构性理财产品的设计、发行和管理，实现长期的价值创造。通过设计有效的方法和体系对结构性理财产品进行星级评价，对利益相关者具有一定的应用研究价值。

结构性理财产品作为一种具有明显中国特色的金融创新工具，不仅产品设计本身应该具有较高的合理性，而且其销售管理也应该具有较高的公平性。本项目通过对结构性理财产品风险收益特征和信息披露进行详细调查研究，可以揭示上海市场商业银行结构性理财产品设计和管理存在的问题，通过星级评级体系对结构性理财产品进行星级分类，发现结构性理财产品设计和管理存在的"短板"，为完善结构性理财产品设计、发行、服务和管理提供必要的依据，具有较高的应用研究价值。

结构性理财产品是一种复杂的金融组合工具，对构成组合的金融工具需要具备一定的专业知识和投资经验，知识要求超出一般投资者的经验、学习能力、理解能力，投资经验超过消费者的经验积累，甚至超出结构性理财产品销售人员的知识储备和管理经验，从而使投资者因信息过度不完全而承受超能力的风险。通过对结构性理财产品进行星级评价，有助于保护投资者利益，提升商业银行结构性理财产品的发行和管理能力。金融消费者是一种特定的消费群体，其权益保护工作受《消费者权益保护法》及金融监管机构监管文件的双重保障。本课题是在 2014 年新《消费者权益保护法》明确了与银行、证券和保险等金融机构形成交易关系的消费者适用于新《消费者权益保护法》规定之后，上海市消费者权益保护委员会进行的一项有益的尝试，对上海市场结构性理财产品的发行和管理现状进行分析，以星级评价结果发现"短板"，维护消费者权益。

4.1 星级评价的目标

4.1.1 总体目标

在既定市场条件和对结构性理财产品认知有限的约束条件下，为了充分保护消费者权益，本项目对上海市场商业银行结构性理财产品设计和管理现状进行系统分析，并利用自行设计的星级评价体系发现结构性理财产品设计和管理存在的不足，并提供相应的政策建议。本项目的研究结果支持消费者更理性地认识结构性理财产品的结构性风险，可以为商业银行机构提供改进专业能力的参考，为监管机构提供改善监管措施的参考。

4.1.2 具体目标

为了实现总体评价目标，本报告将从产品发行人的综合实力、产品的基本属性、产品的条款设计、产品投资过程和产品信息披露五个方面对结构性理财产品进行星级评价，发现结构性理财产品的价值，解释结构性理财产品的风险，鉴别结构性理财产品设计和销售机构的市场信用度。

4.2 星级评价的方法

本报告利用式（4-1）评价结构性理财产品设计和管理水平：

$$II = 200 \times \left[\sum_{i=1}^{5} w_i \times \left(\sum_{j=1}^{n_i} \gamma_{i,j} \times X_{i,j} \right) \right] \qquad (4-1)$$

其中，II 表示特定理财产品的星级评价综合指标，本指标体系共有 5 个一级指标，每个一级指标下又有若干个二级指标。用 i 表示一级指标，j 表示二级指标，n_i 表示第 i 个一级指标下二级指标的数量，$X_{i,j}$ 表示结构性理财产品单项星级评价得分，区间为 1~5 分，$\gamma_{i,j}$ 表示第 i 个一级指标下第 j 个二级指标的权重，w_i 表示第 i 个一级指标的权重，且满足 $\sum_{i=1}^{5} w_i = 1$，$\sum_{j=1}^{n_i} r_{i,j} = 1$。

结构性理财产品星级评价分值范围最小值为 0，最大值为 1000，并以符号"★"标示，综合评价分值与符号的对应结果如下：

★★★★★：星级评价指标，$800 \leqslant II \leqslant 1000$

★★★★：星级评价指标，$700 \leqslant II < 800$

★★★：星级评价指标，$600 \leqslant II < 700$

★★：星级评价指标，$500 \leqslant \mathrm{II} < 600$

★：星级评价指标，$0 \leqslant \mathrm{II} < 500$

结构性理财产品的星级评价越高，结构性理财产品设计和管理越规范，消费者权益保护程度越好。

4.3 星级评价的指标体系

结构性理财产品星级评价指标体系如表 4-1 所示。

表 4-1 结构性理财产品星级评价指标体系

星级评价	一级指标	二级指标
结构性理财产品星级评价体系	发行人专业能力评价	信用评级
		综合经营
		理财产品数量排名
		管理理财产品年限
	产品基本属性评价	计划期限
		发行份额
		认购起点
		发行频率
		产品系列种类
		产品差异
		内部风险评级
		产品的类型
		产品挂钩标的
		目标客户定位

续表

星级评价	一级指标	二级指标
产品条款设计评价	产品条款设计评价	投资对象和范围
		投资比例
		结构性产品资金来源
		情景分析
		压力测试
		到期产品收益实现程度
		收益结构
结构性理财产品星级评价体系	产品投资过程评价	投资相关费用
		投资运作模式
		交易对手信息公布
		交易对手综合实力
	产品信息披露评价	信息披露渠道
		信息披露频率
		信息披露内容
		风险披露的范围
		风险披露的相关性

注：本指标体系由课题组研究设计。

4.4 指标权重

上述指标体系中各类指标的权重主要通过专家咨询和论证产生，各指标的权重如表4-2所示。

表4-2 结构性理财产品星级评价的指标体系

星级评价	一级指标	权重	二级指标	权重
结构性理财产品星级评价体系	专业能力	10%	信用评级	30%
			综合经营	20%
			理财产品数量排名	20%
			管理理财产品年限	30%
	产品基本属性	20%	计划期限	5%
			发行份额	5%
			认购起点	5%
			发行频率	5%
			产品系列种类	10%
			产品差异	5%
			内部风险评级	20%
			产品的类型	20%
			产品挂钩标的	20%
			目标客户定位	5%

续表

星级评价	一级指标	权重	二级指标	权重
结构性理财产品星级评价体系	产品条款设计	30%	投资对象和范围	5%
			投资比例	5%
			结构性产品资金来源	5%
			情景分析	20%
			压力测试	5%
			到期产品收益实现程度	30%
			收益结构	30%
	产品投资过程	10%	投资相关费用	30%
			投资运作模式	30%
			交易对手信息公布	20%
			交易对手综合实力	20%
	产品信息披露	30%	信息披露渠道	20%
			信息披露频率	20%
			信息披露内容	30%
			风险披露的范围	10%
			风险披露的相关性	20%

4.5 星级评价的风险

本报告从产品设计和产品管理两个方面对结构性理财产品进行星级评价。评价指标体系中部分指标能够获得客观数据，部分指标由课题组根据专业要求主观确定，尽管对星级评价指标体系的设计、使用进行了多次研讨和培训，研究人员的个体差异导致的结构性理财产品星级评价结果差异仍难以避免，因而存在一定的评价风险。此外，使用者与课题组对特定指标的内涵在理解上也可能存在差异，如果遇到理解上的困惑，建议使用者充分咨询研究人员和其他专业人士，以最恰当的方式解读结构性理财产品的评价结果，尽最大可能降低星级评价使用者的投资风险。

第 5 章

上海市场商业银行结构性理财
产品的星级评价

5.1 样本选取与数据说明

本报告采用的数据全部由课题组成员利用公开渠道手工收集，并反复核实，基础数据具有较高的准确性。本报告使用的数据范围为2016年1月1日至6月30日到期的上海市场17家商业银行发行的627只结构性理财产品。

本报告选择的上海市场商业银行范围为：①上海市银监局发布的《上海银行业消费者权益保护报告（2015）》中列示的68家在沪法人机构与分支机构；②Wind资讯数据库2016年上半年有结构性理财产品到期的14家银行；③上海市银行同业公会会员银行；④官网有结构性理财产品到期的各家银行。本报告共确定17家商业银行在上海市场发行的结构性理财产品。汇丰银行、法国兴业银行、大华银行、荷兰银行和厦门国际银行等也有结构性理财产品到期，但由于公开可得信息受限，没有纳入本报告的研究范围。

本报告主要通过检索各家商业银行的官方网站、中国理财网、Wind资讯数据库、银率网、普益财富、东方财富、和讯、搜狐、网易、新浪和证券之星等平台，拨打商业银行热线电话，根据星级评价体系收集627只商业银行结构性理财产品的相关数据。根据发行结构性理财产品的商业银行和挂钩标的划分，本报告使用的结构性理财产品数据如表5-1所示。

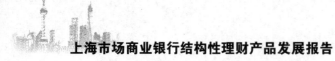

表 5-1　2016 年上海市场商业银行结构性理财产品数据

单位：只

	挂钩标的								合计
	股票	股指	黄金	汇率	基金	利率	期货	原油	
渤海银行	—	—	—	—	—	28	—	—	28
光大银行	1	3	1	—	—	—	—	—	5
广发银行	—	28	—	35	—	—	7	—	70
恒生银行	—	—	—	85	21	—	—	—	106
华侨银行	10	—	—	—	—	31	—	—	41
华夏银行	—	32	—	—	—	—	—	—	32
江苏银行	—	4	1	—	—	—	—	—	5
交通银行	—	5	34	—	—	—	—	—	39
民生银行	—	9	—	—	—	—	—	—	9
南洋商业银行	—	—	—	30	—	—	—	—	30
农业银行	—	30	30	8	—	—	—	—	68
平安银行	22	7	—	28	—	24	—	—	81
星展银行	—	27	—	—	—	24	—	—	51
兴业银行	—	—	24	—	—	—	—	—	24
永亨银行	—	—	—	19	—	—	—	—	19
渣打银行	—	—	—	—	5	—	—	—	5
招商银行	—	5	1	—	—	—	—	8	14
合计	33	150	91	205	26	107	7	8	627

数据来源：课题组整理。

5.2 星级评价的结果

5.2.1 星级评价的统计

本报告利用星级评价指标体系对结构性理财产品进行了评价（后续部分的"评价"均指"星级评价"），并对 627 只结构性理财产品的相关评价指标做了描述性统计（见表 5-2、表 5-3）。

表 5-2 上海市场结构性理财产品星级评价

产品评价	产品数量（只）	比例（%）
★★★★★	13	2.07
★★★★	251	40.03
★★★	222	35.41
★★	120	19.14
★	21	3.35
合计	627	100.00

数据来源：课题组整理。

2016 年上海市场前半年到期结构性理财产品的评级主要集中在 4 星级和 3 星级（见表 5-2），5 星级和 1 星级的理财产品较少，说明产品设计和管理方面严重不规范的结构性理财产品较少，但追求完美、能够充分维护金融消费者权益的产品也很少，这可能与当前结构性理财产品市场发展时间较短有关。

2016 年上海市场各银行前半年到期的结构性理财产品中，交通银行和平安银行共有 13 只产品达到 5 星标准，而其他银行均没有评价为 5 星级的产品；渤海银行、江苏银行、民生银行、南洋商业银行、星展银行、永亨银行、渣打银行的所有产品均未达到 4 星以上；星展银行的产品以 2 星级和 1 星级为主，是特别需要在产品设计与销售中进行改进的银行（见表 5-3）。

表 5-3　上海市场不同发行银行的结构性理财产品星级评价统计

单位：只

	★★★★★	★★★★	★★★	★★	★
渤海银行	0	0	28	0	0
光大银行	0	4	1	0	0
广发银行	0	29	22	19	0
恒生银行	0	62	30	14	0
华侨银行	0	10	21	10	0
华夏银行	0	1	31	0	0
江苏银行	0	0	3	2	0
交通银行	9	30	0	0	0
民生银行	0	0	2	7	0
南洋商业银行	0	0	0	30	0
农业银行	0	13	52	3	0
平安银行	4	70	7	0	0
星展银行	0	0	0	30	21
兴业银行	0	24	0	0	0
永亨银行	0	0	19	0	0
渣打银行	0	0	0	5	0
招商银行	0	8	6	0	0
合计	13	251	222	120	21

数据来源：课题组整理。

2016 年上海市场各银行前半年到期的结构性理财产品中，只有挂钩黄金和汇率的结构性理财产品有达到 5 星级的评价；挂钩基金和期货的结构性理财产品整体评价偏低；挂钩股指的结构性理财产品评价分布较广，2 星级和 3 星级评价偏多（见表 5-4）。

表 5-4　上海市场各银行不同挂钩标的结构性理财产品星级评价统计

单位：只

	股票	股指	黄金	汇率	基金	利率	期货	原油
★★★★★	0	0	9	4	0	0	0	0
★★★★	22	9	63	115	0	34	0	8
★★★	0	91	19	56	7	49	0	0
★★	10	30	0	30	19	24	7	0
★	0	21	0	0	0	0	0	0
合计	32	151	91	205	26	107	7	8

数据来源：课题组整理。

2016 年上海市场各银行前半年到期的结构性理财产品总体评价达到 3 星级，接近 4 星级（见表 5-5），尽管整体的离散度较大，但不足一个星级的差距，说明整体评价的代表性较强。

表 5-5　上海市场各银行结构性理财产品星级评价的描述性统计

	总得分
N	627
mean	670.39
mode	696.00
median	696.00
min	478
max	830
std	83.70
per75%	740
per25%	605

数据来源：课题组整理。

2016 年上海市场各银行前半年到期的结构性理财产品中，挂钩黄金的结构性理财产品的评价结果整体最高，达到 4 星级水平（见表 5-6）；挂钩期货的结构性理财产品的评价结果整体最低，处于 2 星级水平；挂钩利率的结构性理财产品的评价结果离散度最大，均值代表性相对较低。

表 5-6　上海市场各银行不同挂钩标的结构性理财产品星级评价的描述性统计

	股票	股指	黄金	汇率	基金	利率	期货	原油
N	33	150	91	205	26	107	7	8
mean	679.76	618.60	738.44	692.41	607.65	657.63	568	741.75
mode	712	698	776	540	588	605	568	738
median	712	609	752	716	588	696	568	746
min	566	478	600	538	586	524	568	700
max	790	770	830	802	660	786	568	756
std	79.27	35.04	54.38	71.05	32.47	88.82	568	18.87
per75%	734	696	776	742	643.25	700	568	754.50
per25%	586	590.50	705	666	588	605	568	738

数据来源：课题组整理。

2016 年上海市场各银行前半年到期的结构性理财产品中，国有银行发行的结构性理财产品评价总体水平最高（见表 5-7），城商行和外资银行发行结构性理财产品的总体评价较低，可能与其发行结构性理财产品挂钩标的的市场波动性有较大关系。

表 5-7　上海市场不同银行结构性理财产品星级评分的描述性统计

	国有银行	股份制银行	外资银行	城商行
N	107	263	252	5
mean	701.64	692.62	635.28	602
mode	776	605	540	612
median	694	712	666	600
min	594	568	478	592

续表

	国有银行	股份制银行	外资银行	城商行
max	830	802	750	612
std	70.24	67.66	91.35	9.59
per75%	776	748	700	612
per25%	643	606	542	594

数据来源：课题组整理。

基于上述评价，课题组编写了各类挂钩结构性理财产品基期的星级评价指数（见表5-8），作为后续上海市场商业银行结构性理财产品星级评价的基础数据，以及观测结构性理财产品设计和管理规范性的监测数据。

表5-8 上海市场商业银行结构性理财产品的星级评价指数

指数名称	指数值	指数名称	指数值
总指数	673.96	挂钩基金指数	607.65
国有银行指数	702.00	挂钩股指指数	620.06
股份制银行指数	753.30	挂钩黄金指数	741.83
外资银行指数	721.38	挂钩利率指数	658.89
城商行指数	—	挂钩汇率指数	689.43
农商行指数	—	挂钩股票指数	676.27
其他存款机构指数	—	挂钩原油指数	—
		挂钩期货指数	—

注：①指数计算。所有取样均去除低于per5%和高于per95%，并简单计算平均值而得。2016年星级评价指数将同期星级评价指标作为基期指数值。②"—"表示现有样本量均低于20个观测值，计算结果无实际意义。以后样本量增加后再计算。

数据来源：课题组整理。

5.2.2 星级评价的排行榜

为了能够更清晰地表现上海市场商业银行结构性理财产品的投资特性，本部分从银行和产品两个维度对其进行了排序（见表5-9~表5-17）。

2016年上海市场各银行前半年到期的结构性理财产品中，只有交通银行和平安银行发行的结构性理财产品有 5 星级评价，其他银行无 5 星级评价的结构性理财产品，说明交通银行和平安银行具有更加完善、规范的产品设计能力（见表 5-9）。

表 5-9　5 星评价的银行排名

名次	银行名称	5 星评价占比（%）	5 星评价次数	总观测次数
第 1 名	交通银行	23.08	9	39
第 2 名	平安银行	4.94	4	81
—	恒生银行	—	—	106
—	广发银行	—	—	70
—	农业银行	—	—	68

注：①本表按照产品发行银行计算；②5 星评价占比=5 星评价产品数量/总观测次数×100%，总观测次数为 2016 年上半年各银行实际发行结构性理财产品数量。

数据来源：课题组整理。

2016 年上海市场各银行前半年到期的结构性理财产品中，交通银行、兴业银行、平安银行和光大银行发行的结构性理财产品得到较高评价，华夏银行的星级评价最低（见表 5-10）。

表 5-10　4 星以上评价的银行排名

名次	银行名称	4 星以上占比（%）	4 星以上次数	总观测次数
第 1 名	交通银行	100.00	39	39
第 2 名	兴业银行	100.00	24	24
第 3 名	平安银行	91.36	74	81
第 4 名	光大银行	80.00	4	5
第 5 名	恒生银行	58.49	62	106
第 6 名	招商银行	57.14	8	14
第 7 名	广发银行	41.43	29	70
第 8 名	华侨银行	24.39	10	41
第 9 名	农业银行	19.12	13	68
第 10 名	华夏银行	3.13	1	32

注：①本表按照产品发行银行计算；②4 星以上评价占比 =（5 星评价产品数量 + 4 星评价产品数量）/总观测次数×100%，总观测次数为 2016 年上半年各银行实际发行结构性理财产品数量。

数据来源：课题组整理。

2016 年上海市场各银行前半年到期的结构性理财产品中，有 8 家银行发行了 3 星及以上产品，而农业银行、恒生银行等 9 家银行均发行了数量不等的低评价的结构性理财产品（见表 5-11），这些银行的结构性理财产品设计和管理需要加强。

表 5-11　3 星以上评价的银行排名

名次	银行名称	3 星以上占比（%）	3 星以上次数	观测总次数
第 1 名	平安银行	100	81	81
第 2 名	交通银行	100	39	39
第 3 名	华夏银行	100	32	32
第 4 名	渤海银行	100	28	28
第 5 名	兴业银行	100	24	24
第 6 名	永亨银行	100	19	19
第 7 名	招商银行	100	14	14
第 8 名	光大银行	100	5	5
第 9 名	农业银行	95.59	65	68
第 10 名	恒生银行	86.79	92	106
第 11 名	华侨银行	75.61	31	41
第 12 名	广发银行	72.86	51	70
第 13 名	江苏银行	60	3	5
第 14 名	民生银行	22.22	2	9
第 15 名	星展银行	0	0	51
第 16 名	南洋商业银行	0	0	30
第 17 名	渣打银行	0	0	5

注：①本表按照产品发行银行计算；②3 星以上评价占比=（5 星评价产品数量+4 星评价产品数量+3 星评价产品数量）/总观测次数×100%，总观测次数为 2016 年上半年各银行实际发行结构性理财产品数量。

数据来源：课题组整理。

2016 年上海市场各银行前半年到期、挂钩股指的结构性理财产品中，只有华夏银行、农业银行、广发银行和星展银行等银行发行了数量相对较多的挂钩股指的结构性理财产品，但整体评价相对较低（见表 5-12），挂钩股指的结构性理财产品设计和管理需要加强。

表 5–12 挂钩股指的结构性理财产品排名

名次	银行名称	均值	观测次数
第 1 名	交通银行	741.20	5
第 2 名	华夏银行	699.75	32
第 3 名	光大银行	690.00	3
第 4 名	平安银行	678.00	7
第 5 名	招商银行	663.60	5
第 6 名	江苏银行	619.50	4
第 7 名	农业银行	614.93	30
第 8 名	广发银行	605.29	28
第 9 名	民生银行	603.78	9
第 10 名	星展银行	490.74	27

数据来源：课题组整理。

2016 年上海市场各银行前半年到期的挂钩黄金的结构性理财产品中，交通银行设计和管理的结构性理财产品评价最高（见表 5–13），只有招商银行设计和管理的 1 款结构性理财产品评价低于 4 星。

表 5–13 挂钩黄金的结构性理财产品排名

名次	银行名称	均值	观测次数
第 1 名	交通银行	789.12	34
第 2 名	光大银行	752.00	1
第 3 名	兴业银行	718.25	24
第 4 名	农业银行	703.53	30
第 5 名	招商银行	646.00	1

数据来源：课题组整理。

2016 年上海市场各银行前半年到期的挂钩利率的结构性理财产品中，平安银行设计和管理的结构性理财产品评价最高（见表 5–14），达到 4 星级，而星展银行设计和管理的结构性理财产品评价均值低于 3 星级。

表 5-14 挂钩利率的结构性理财产品排名

名次	银行名称	均值	观测次数
第1名	平安银行	784.17	24
第2名	华侨银行	697.29	31
第3名	渤海银行	605.00	28
第4名	星展银行	541.25	24
第5名	—	—	—

数据来源：课题组整理。

2016 年上海市场各银行前半年到期的挂钩汇率的结构性理财产品中，平安银行设计和管理的结构性理财产品评价最高（见表 5-15），达到 4 星级，而南洋商业银行设计和管理的结构性理财产品评价均值低于 3 星级。

表 5-15 挂钩汇率的结构性理财产品排名

名次	银行名称	均值	观测次数
第1名	平安银行	757.57	28
第2名	恒生银行	727.81	85
第3名	广发银行	704.49	35
第4名	农业银行	666.88	8
第5名	南洋商业银行	540.27	30

数据来源：课题组整理。

2016 年上海市场各股份制银行前半年到期的结构性理财产品中，只有平安银行设计和管理的结构性理财产品评价最高（见表 5-16），达到 4

表 5-16 股份制银行的结构性理财产品排名

名次	银行名称	均值	观测次数
第1名	平安银行	759.70	81
第2名	招商银行	718.57	14
第3名	华夏银行	712.50	32
第4名	光大银行	698.00	5
第5名	兴业银行	677.13	24

数据来源：课题组整理。

星级，而光大银行和兴业银行设计和管理的结构性理财产品评价均值达到 3 星级。

2016 年上海市场各外资银行前半年到期的结构性理财产品中，只有恒生银行设计和管理的结构性理财产品评价最高（见表 5-17），达到 4 星级，而渣打银行和南洋商业银行设计和管理的结构性理财产品评价均值达到 3 星级。

表 5-17　外资银行的结构性理财产品排名

名次	银行名称	均值	观测次数
第 1 名	恒生银行	705.70	106
第 2 名	华侨银行	666.98	41
第 3 名	永亨银行	665.47	19
第 4 名	渣打银行	590.20	5
第 5 名	南洋商业银行	539.60	30

数据来源：课题组整理。

5.2.3　一级指标统计

为充分了解结构性理财产品评价结果的合理性，本部分对影响星级评价结果的一级指标给出较为详细的统计（见表 5-18~表 5-23），以帮助使用者准确理解星级评价的含义。

2016 年上海市场各银行前半年到期的结构性理财产品中，商业银行的专业能力评价最高（见表 5-18），投资过程评价最低，各结构性理财产品的信息披露与风险揭示评价差异最大。

表 5-18　上海市场各银行结构性理财产品一级指标星级评价描述性统计

	发行人专业能力评价	产品基本属性	产品条款设计	投资过程	信息披露与风险揭示
mean	4.02	3.78	3.35	2.03	3.28
mode	5.00	4.15	3.30	2.50	3.70

续表

	发行人专业 能力评价	产品 基本属性	产品条款 设计	投资过程	信息披露与 风险揭示
median	3.70	3.70	3.45	1.90	3.50
min	2.5	3	1.65	1.3	1.4
max	5	4.45	4.4	2.5	4.6
std	0.76	0.38	0.67	0.43	0.86
per75%	4.7	4.15	3.9	2.5	4
per25%	3.5	3.5	2.9	1.6	2.7

数据来源：课题组整理。

从 2016 年上海市场各银行前半年到期的结构性理财产品中，商业银行的管理理财产品年限（即专业管理经验）评价最高（见表5-19），说明各银行均累积了较好的管理经验，对结构性理财产品设计和管理所需专业能力的贡献最大。商业银行综合能力是"短板"，仍需要显著改善。

表 5-19　上海市场各银行结构性理财产品发行人专业能力二级指标描述性统计

	信用评级	综合经营	理财产品数量	管理理财产品年限
mean	4.30	3.29	3.48	4.59
mode	5.00	5.00	5.00	5.00
median	5.00	4.00	4.00	5.00
min	3	1	1	4
max	5	5	5	5
std	0.88	1.83	1.42	0.49
per75%	5	5	5	5
per25%	3	1	2	4

数据来源：课题组整理。

从 2016 年上海市场各银行前半年到期的结构性理财产品基本属性的评价结果来看（见表5-20），结构性理财产品的发行频率总体得分最高，说明发行结构性理财产品的间隔普遍较短，发行份额过大或不披露是值得重视的一个要素，而结构性理财产品的同质化导致市场竞争激烈并可能弱化管理，这也是一个重要问题。

表5-20 上海市场各银行结构性理财产品基本属性二级指标评价描述性统计

	计划期限	发行份额	认购起点	发行频率	产品系列数目	产品差异	内部风险等级	产品类型	产品挂钩标的	目标客户定位
mean	3.53	2.23	4.76	4.94	3.20	2.60	4.30	3.74	3.91	3.40
mode	4.00	1.00	5.00	5.00	5.00	3.00	4.00	4.00	5.00	5.00
median	4.00	2.00	5.00	5.00	4.00	3.00	4.00	4.00	4.00	3.00
min	1	1	2	1	1	1	2	1	1	1
max	5	5	5	5	5	5	5	5	5	5
std	0.88	1.45	0.53	0.36	1.77	1.04	0.57	1.08	0.96	1.55
per75%	4	3	5	5	5	3	5	4	5	5
per25%	3	1	5	5	1	2	4	3	3	3

数据来源：课题组整理。

2016年上海市场各银行前半年到期的结构性理财产品在条款设计的评价方面，投资对象和范围、投资比例不明、结构性产品资金来源、情景分析、压力测试、产品收益实现程度、收益结构等相关信息评价最低（见表5-21），说明相关信息披露不充分。

表5-21 上海市场各银行结构性理财产品条款设计二级指标评价的描述性统计

	投资对象和范围	投资比例不明	结构性产品资金来源	情景分析	压力测试	产品收益实现程度	收益结构
min	1	1	1	1	1	1	1
max	4	4	5	4	1	5	5
mean	2.18	1.71	2.42	3.48	1.00	3.65	3.99
std	1.03	1.01	1.78	1.05	0.00	1.48	1.37
mode	3.00	1.00	1.00	4.00	1.00	5.00	5.00
median	3.00	1.00	1.00	4.00	1.00	5.00	5.00
per75%	3	3	5	4	1	5	5
per25%	1	1	1	4	1	2	3

数据来源：课题组整理。

2016 年上海市场各银行前半年到期的结构性理财产品在投资过程的评价方面（见表 5-22），相关费用、投资运作、交易对手信息、交易对手综合实力等相关信息的评价均很低。

表 5-22　上海市场各银行结构性理财产品投资过程二级指标评价的描述性统计

	相关费用	投资运作模式	交易对手信息公布	交易对手综合实力评估
min	1	2	1	1
max	5	3	1	1
mean	3.35	2.10	1.00	1.00
std	1.56	0.29	0.00	0.00
mode	5.00	2.00	1.00	1.00
median	3.00	2.00	1.00	1.00
per75%	5	2	1	1
per25%	2	2	1	1

数据来源：课题组整理。

2016 年上海市场各银行前半年到期的结构性理财产品在信息披露评价方面（见表 5-23），信息披露渠道、信息披露频率、信息披露内容、风险披露的范围、风险披露的相关性等评价均很低。

表 5-23　上海市场各银行结构性理财产品的信息披露二级指标评价的描述性统计

	信息披露渠道	信息披露频率	信息披露内容	风险披露的范围	风险披露的相关性
min	2	1	1	1	1
max	5	5	5	5	4
mean	4.59	3.16	2.95	3.61	2.61
std	0.97	0.94	1.58	1.82	1.35
mode	5.00	3.00	2.00	5.00	4.00
median	5.00	3.00	2.00	5.00	2.00
per75%	5	4	5	5	4
per25%	5	3	2	1	1

数据来源：课题组整理。

5.3 上海市场银行结构性理财产品星级评价
结果的分析

本部分对 2016 年上海市场各银行前半年到期的结构性理财产品星级评价结果从总体、挂钩系列、发行银行类型以及一级指标进行了系统分析。本部分的统计单位均为观测数量，百分比除外。

5.3.1 总体星级评价

对 2016 年上海市场各银行前半年到期的结构性理财产品的总体星级评价进行分组处理（见图 5-1），结构性理财产品的星级评价水平主要分布在 4 星和 3 星，2 星、1 星和 5 星的产品较少，结构性理财产品整体星级评价较好，需要关注较低评价的产品。

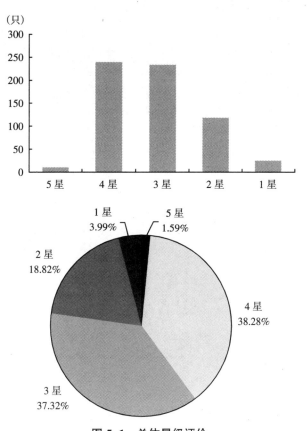

图 5-1 总体星级评价

数据来源：课题组整理。

5.3.2 挂钩系列星级评价

（1）挂钩基金。对 2016 年上海市场各银行前半年到期的、挂钩基金的结构性理财产品的总体星级评价进行分组处理（见图 5-2），结构性理财产品的星级评价水平在 3 星和 2 星，整体星级评价较低。

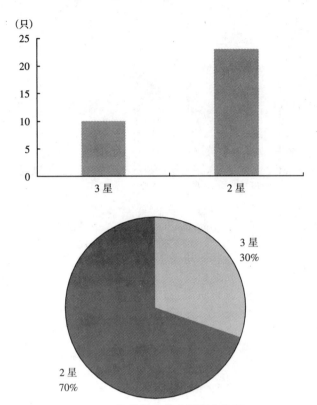

图 5-2　挂钩基金的总体星级评价

数据来源：课题组整理。

（2）挂钩股指。对 2016 年上海市场各银行前半年到期的、挂钩股指的结构性理财产品的总体星级评价进行分组处理（见图 5-3），结构性理财产品的星级评价水平以 3 星级为主，无 5 星级评价。

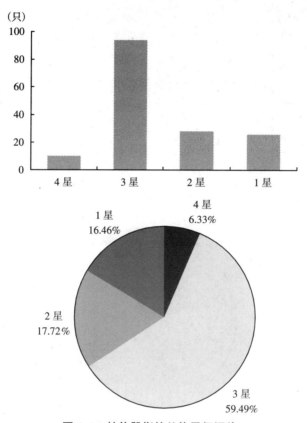

图5-3 挂钩股指的总体星级评价

数据来源：课题组整理。

（3）挂钩黄金。对2016年上海市场各银行前半年到期的、挂钩黄金的结构性理财产品的总体星级评价进行分组处理（见图5-4），结构性理财产品的星级评价水平以4星级为主，整体评价较好。

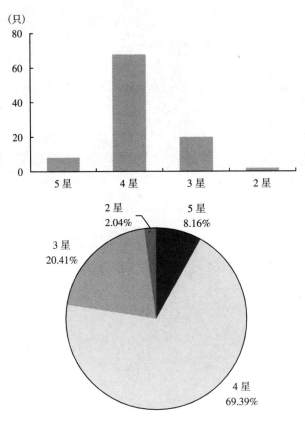

图 5-4　挂钩黄金的总体星级评价

数据来源：课题组整理。

（4）挂钩利率。对 2016 年上海市场各银行前半年到期的、挂钩黄金的结构性理财产品的总体星级评价进行分组处理（见图 5-5），结构性理财产品的星级评价水平以 3 星级为主，整体评价较好。

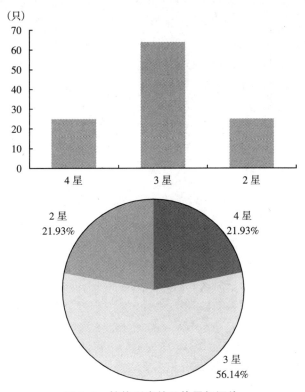

图 5-5 挂钩利率的总体星级评价

数据来源：课题组整理。

（5）挂钩汇率。对 2016 年上海市场各银行前半年到期的、挂钩汇率的结构性理财产品的总体星级评价进行分组处理（见图 5-6），结构性理财产品的星级评价水平以 3 星级和 4 星级为主，整体评价较好。

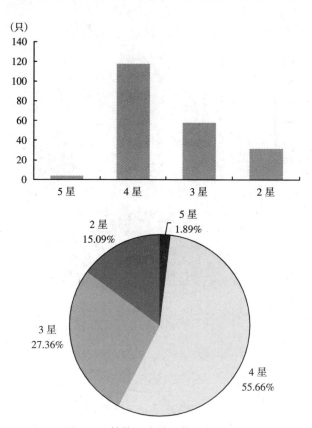

图 5-6　挂钩汇率的总体星级评价

数据来源：课题组整理。

（6）挂钩股票。对 2016 年上海市场各银行前半年到期的、挂钩股票的结构性理财产品的总体星级评价进行分组处理（见图 5-7），结构性理财产品的星级评价水平以 2 星级和 4 星级为主，整体评价较好。

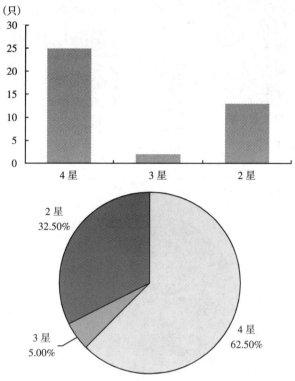

图 5-7 挂钩股票的总体星级评价

数据来源：课题组整理。

5.3.3 不同类型银行的星级评价

根据银监会商业银行的分类标准，将发行结构性理财产品银行的分类统计如下：

（1）国有银行。对 2016 年上海市场各国有银行前半年到期的结构性理财产品的总体星级评价进行分组处理（见图 5-8），结构性理财产品的星级评价水平以 3 星级和 4 星级为主，整体评价较好。

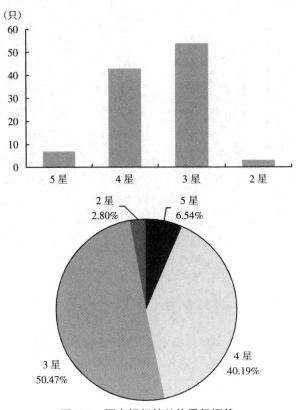

图 5-8　国有银行的总体星级评价

数据来源：课题组整理。

（2）股份制银行。对 2016 年上海市场各股份制银行前半年到期的结构性理财产品的总体星级评价进行分组处理（见图 5-9），结构性理财产品的星级评价水平以 3 星级和 4 星级为主，整体评价较好。

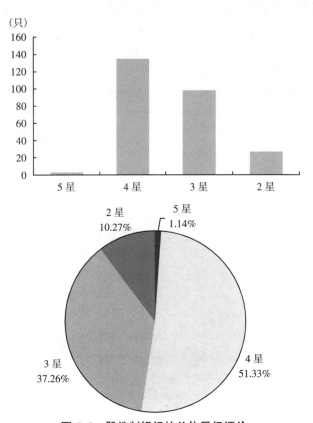

图 5-9 股份制银行的总体星级评价

数据来源：课题组整理。

（3）外资银行。2016 年上海市场各外资银行前半年到期的结构性理财产品的星级评价水平整体一般（见图 5-10），主要为 2 星、3 星、4 星和 1 星，无 5 星级评价，需要投资者关注。

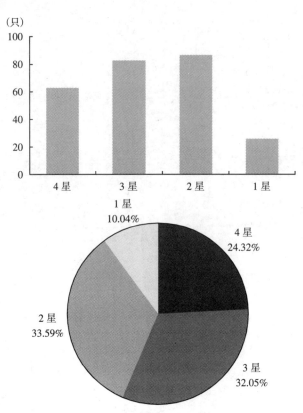

图 5-10　外资银行总体星级评价

数据来源：课题组整理。

（4）城商行（可信度较低，样本量极少）。城商行发行的结构性理财产品很少，仅 5 例，星级评价水平整体一般，均为 3 星，需要投资者关注。

5.4 一级指标评价结果的分析

尽管最终星级评价结果重要，但构成评价指标体系的五大类一级指标在各类产品中的表现存在明显差异，同样值得投资者关注。本部分所有纵轴均表示评价分值，最高 5 分，最低 0 分。

5.4.1 发行人的专业能力评价

（1）挂钩系列评价。2016 年上海市场各银行前半年到期的结构性理财产品的发行人的专业能力评价均值均超过 3 分（见图 5-11），整体较好。挂钩黄金的结构性理财产品发行人的专业能力均很强，但挂钩汇率、

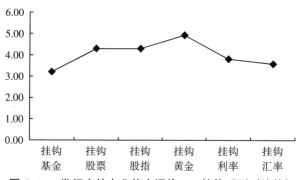

图 5-11　发行人的专业能力评价——挂钩系列（均值）

数据来源：课题组整理。

挂钩股指、挂钩股票和挂钩利率的发行人专业能力的星级评价差异较大（见图 5-12），需要投资者关注。

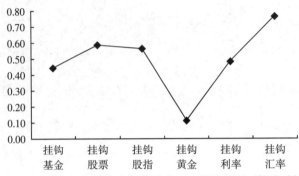

图 5-12　发行人的专业能力评价——挂钩系列（标准差）

数据来源：课题组整理。

（2）不同类型银行评价。2016 年上海市场各银行前半年到期的各类挂钩标的的结构性理财产品发行人专业能力的评价均值均超过 3 分（见图 5-13），整体较好，其中外资银行的整体星级评价最低，股份制银行其次，国有银行最好（见图 5-14）。

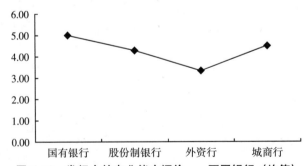

图 5-13　发行人的专业能力评价——不同银行（均值）

数据来源：课题组整理。

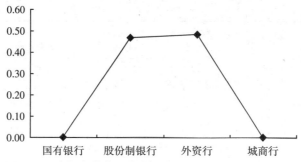

图 5-14　发行人的专业能力评价——不同银行（标准差）

数据来源：课题组整理。

5.4.2　产品基本属性的星级评价

（1）挂钩系列评价。2016 年上海市场各银行前半年到期的各类挂钩标的的结构性理财产品基本属性的评价均值均超过 3 分（见图 5-15），但均没有超过 4 分，整体一般，挂钩汇率、挂钩股指的结构性理财产品基本属性的评价差异较大（见图 5-16）。

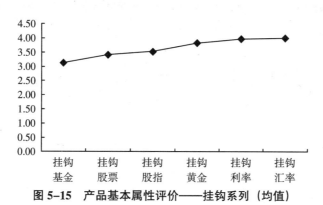

图 5-15　产品基本属性评价——挂钩系列（均值）

数据来源：课题组整理。

（2）不同类型银行评价。2016 年上海市场各银行前半年到期的各类挂钩标的的结构性理财产品基本属性的评价均值均超过 3 分（见图 5-17），但均没有超过 4 分，整体一般，但外资银行发行的结构性理财产品基本属性的评价差异较大（见图 5-18）。

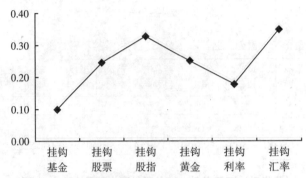

图 5-16　产品基本属性评价——挂钩系列（标准差）

数据来源：课题组整理。

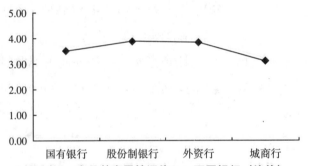

图 5-17　产品基本属性评价——不同银行（均值）

数据来源：课题组整理。

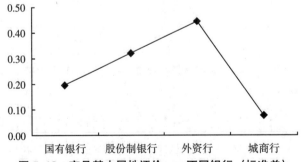

图 5-18　产品基本属性评价——不同银行（标准差）

数据来源：课题组整理。

5.4.3　产品条款设计的评价

（1）挂钩系列评价。2016 年上海市场各银行前半年到期的各类挂钩标的的结构性理财产品条款设计的评价均值均超过 2 分（见图 5–19），但各挂钩结构性理财产品的产品条款设计的评价差异均很大（见图 5–20），需要投资者关注。

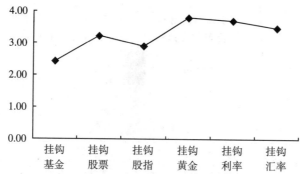

图 5–19　产品条款设计的评价——挂钩系列（均值）

数据来源：课题组整理。

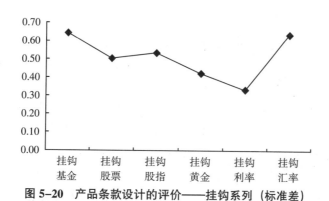

图 5–20　产品条款设计的评价——挂钩系列（标准差）

数据来源：课题组整理。

（2）不同类型银行评价。2016 年上海市场前半年到期的各类银行发行的结构性理财产品的条款设计，评价均值均超过 2 分（见图 5–21），但外资银行发行的结构性理财产品条款设计的评价差异很大（见图 5–22），需要投资者关注。

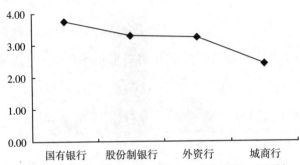

图 5-21　产品条款设计的评价——不同银行（均值）

数据来源：课题组整理。

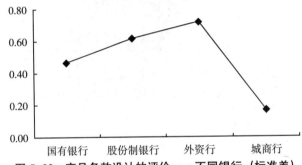

图 5-22　产品条款设计的评价——不同银行（标准差）

数据来源：课题组整理。

5.4.4　投资过程的评价

（1）挂钩系列的评价。2016 年上海市场各银行前半年到期的各类挂钩标的的结构性理财产品投资过程的评价均值均不足 3 分（见图 5-23），整体评价较差，且各种产品投资过程评价差异较大（见图 5-24）。银行应该公开结构性理财产品的投资过程，并及时告知投资者，以增强投资者对银行的信任。

（2）不同类型银行的评价。2016 年上海市场前半年到期的各类银行发行的结构性理财产品投资过程的评价均值均不足 3 分（见图 5-25），整体评价较差，股份制银行发行的结构性理财产品投资过程的评价平均水平最低，但银行间差异较大（见图5-26）。

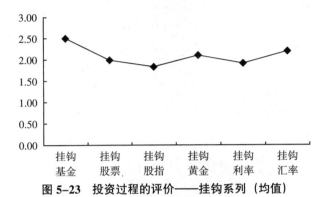

图 5-23 投资过程的评价——挂钩系列（均值）

数据来源：课题组整理。

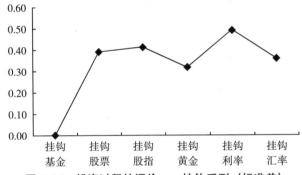

图 5-24 投资过程的评价——挂钩系列（标准差）

数据来源：课题组整理。

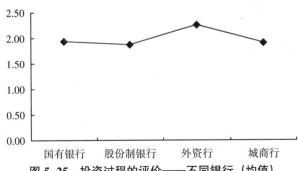

图 5-25 投资过程的评价——不同银行（均值）

数据来源：课题组整理。

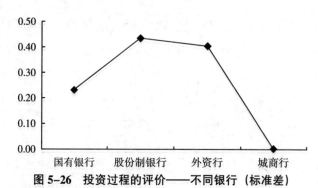

图 5-26 投资过程的评价——不同银行（标准差）

数据来源：课题组整理。

5.4.5 信息披露与风险揭示的评价

（1）挂钩系列评价。2016 年上海市场各银行前半年到期的各类挂钩标的的结构性理财产品的信息披露除挂钩利率产品外，评价均值均超过 3 分（见图 5-27），整体评价较好，但存在一定差异（见图 5-28）。投资者需要关注挂钩利率的结构性理财产品信息披露的不充分、不及时问题。

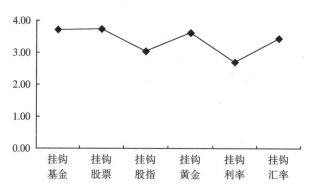

图 5-27 信息披露与风险揭示的评价——不同系列（均值）

数据来源：课题组整理。

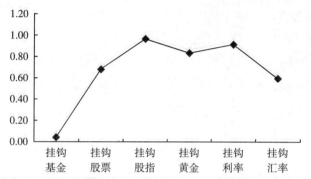

图 5-28　信息披露与风险揭示的评价——不同系列（标准差）

数据来源：课题组整理。

（2）不同类型银行评价。2016 年上海市场前半年到期的各类银行的结构性理财产品信息披露与风险揭示的评价均值均超过 3 分（见图 5-29），整体评价较好，相对于股份制银行和外资行而言，国有银行信息披露与风险揭示的差异较小（见图 5-30），说明国有银行信息披露与风险揭示的规范性较好，更可能吸引投资者。

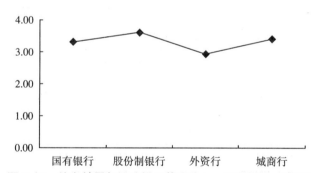

图 5-29　信息披露与风险揭示的评价——不同银行（均值）

数据来源：课题组整理。

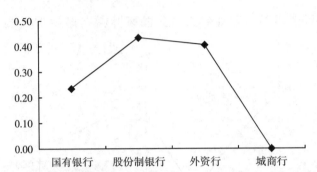

图 5-30　信息披露与风险揭示的评价——不同银行（标准差）

数据来源：课题组整理。

第 6 章

上海市场商业银行结构性理财
产品存在的主要问题分析

课题组通过对 17 家银行 627 只结构性理财产品的星级评价，发现现阶段结构性理财产品主要存在预期收益的承诺容易导致投资者的误解、投资管理过程信息不够透明和信息披露不够规范等问题。

6.1 产品预期收益容易导致投资者的误解

6.1.1 产品预期收益区间较大，预期收益率的实现概率未知

结构性理财产品的预期收益区间较大，在课题组所评价的 17 家银行 627 只产品中，14 家银行的 573 只产品完整披露了预期最低收益和预期最高收益，其中星展银行单只产品最大收益区间高达 20%，573 只产品的平均预期收益区间为 4.91%（见表 6-1）。

表 6-1　上海市场结构性理财产品的收益区间

单位：%

发行银行	产品名称	最大收益区间	预期最低收益率	预期最高收益率	实际收益率	平均收益区间
星展银行	"股得利"系列 1542 期	20.00	1.50	21.50	20.26	9.51
华侨银行	股添利 2015 年第 17 期股票挂钩产品	18.00	0.00	18.00	0.00	4.75

续表

发行银行	产品名称	最大收益区间	预期最低收益率	预期最高收益率	实际收益率	平均收益区间
江苏银行	聚宝财富专享 4 号（结构性）1609 期	17.00	1.50	18.50	1.50	14.00
光大银行	"多利宝" 5 月第 1 期挂钩黄金产品	15.00	2.25	17.25	2.25	7.67
广发银行	2015 年广银创富 A 款第 90 期	8.50	1.50	10.00	1.50	3.31
交通银行	2016 年 "得利宝黄金挂钩 90 天"	7.60	1.50	9.10	4.71	5.49
平安银行	100%保本挂钩股票 2015 年 243 期	7.50	0.50	8.00	0.50	4.01
华夏银行	慧盈 210 号 A 款 364 天期	6.25	2.00	8.25	2.00	5.65
永亨银行	尊贵理财之 "智添息"	6.00	0.00	6.00	4.40	3.86
恒生银行	"恒汇盈" 系列保本投资产品（EUIR93）	5.50	0.10	5.60	0.10	3.07
渤海银行	2016 年渤盈 36 号	3.50	0.05	3.55	3.55	3.15
南洋商业银行	南商益汇理财产品 C15130	2.55	1.20	3.75	3.75	2.15
民生银行	挂钩沪深 30015012 号	2.45	2.50	4.95	4.95	1.45
农业银行	如意组合 2016 年第 120 期黄金	1.40	3.10	4.50	4.50	0.65

数据来源：根据本课题组搜集的商业银行结构性理财产品信息整理而成。

结构性理财产品的收益区间较大的事实导致投资者对预期最高收益率较为关注。然而，从结构性理财产品发行的说明书来看，结构性理财产品预期最高收益率的实现条件通常都较为苛刻，实现概率较低。例如，某家银行的一款结构性理财产品预期最高收益率为 15%，收益率条款如下：

第 1 种情形：如果观察期结束日沪深 300 指数涨跌幅在 3%至–3%，则理财产品的预期年化收益率为 2%。

第 2 种情形：如果观察期结束日沪深 300 指数收盘价涨幅在 3%至 16%或者跌幅在–3%至–10%，则客户的预期年化收益率＝［沪深 300 指数观察期结束日收盘价÷沪深 300 指数观察期起始日收盘价－1］的绝对值×100%－1%（四舍五入精确至小数点后两位）。

根据上述条款计算，当且仅当观察期结束日沪深 300 指数收盘价相对观察期起始日收盘价的涨幅恰好为 16%时，投资者才有可能获得 15%的预期最高收益，这是概率极低的情形。

英国的金融服务监管局规定，披露各种情景预期收益率的实现概率是产品压力测试的重要内容（见表 6-2），但课题组所评价的 627 只结构性理财产品均未对此进行披露。如果结构性理财产品的投资者盲目追求预期最高收益，而忽略预期最高收益的小概率事实，很容易做出非理性的投资决策。

表 6-2　英国某款结构性理财产品的收益实现概率说明

单位：%

期限（年）	敲出水平 （相对于初始水平）	收益率 （累计收益率）	敲出概率 （基于 FVC 的估计）
2	100	25.5	47.62
3	100	34	12.14
4	100	42.5	7.06
5	100	51	4.74
6	100	59.5	3.26
6	75	25.5	12.7

注：无敲出概率为 12.48%。

6.1.2　结构性理财产品的收益结构复杂，较难被普通投资者理解

结构性理财产品收益的结构较为复杂，往往有多重收益触发条件，如某家银行的一款结构性产品的收益结构如下：

敲出条款： 观察期内，如果沪深 300 指数任意一交易日的收盘价，相对观察期起始日收盘价的涨幅曾超过 16%，或者跌幅曾超过-10%，即达到敲出条款，不管未来沪深 300 指数走势如何，客户预期年化收益率为 3.0%。

双向波动： 观察期内，如果沪深 300 指数任意一天的收盘价，相对观

察期起始日收盘价的涨幅从未超过 16%，且跌幅从未超过–10%，即未达到敲出条款，则理财产品预期收益率按以下情形确定：①如果观察期结束日沪深 300 指数涨跌幅在 3%至–3%以内，则理财产品预期年化收益率为 2%。②如果观察期结束日沪深 300 指数收盘价涨幅在 3%至 16%或者跌幅在–3%至–10%，则客户的预期年化收益率=［沪深 300 指数观察期结束日收盘价÷沪深 300 指数观察期起始日收盘价–1］的绝对值×100%–1%（四舍五入精确至小数点后两位）。如图 6–1 所示。

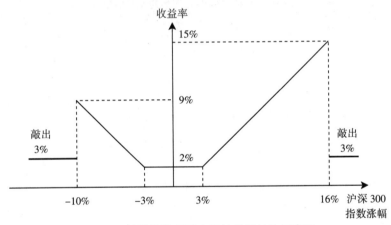

图 6–1　某结构性理财产品的收益结构示意图

该产品的收益结构包含两个敲出阈值（16%与–10%），分别对应 3%的收益率。未达到敲出条款时，投资者收益与挂钩标的的双向波动均相关，且分为两种情形：第一种情形，双向波动阈值对称（–3%与 3%），收益率为 2%；第二种情形，双向波动区间阈值不对称，且采取区间浮动收益的方式来计算收益。

复杂的收益结构较难被普通投资者所准确理解，理财投资变成了"赌大小"，一旦到期实际收益低于投资者的预期，则引起投资者的抱怨和不满。

6.1.3 预期最高收益的实现程度偏低，到期收益水平也整体偏低

银行业理财登记托管中心发布的《2016年上半年中国银行业理财市场报告》披露，2016年上半年，我国银行业面向一般个人投资者发行的封闭式理财产品的平均兑付收益率为4.38%。课题组以此为基础，分别考察了全体样本（619只产品）和预期收益率高于4.38%的样本（336只产品）收益率的实现程度（见表6-3），研究结果表明，预期最高收益率较高的产品，最高收益率实现程度偏低。例如，交通银行、华夏银行、光大银行和江苏银行发行的全部结构性理财产品的预期最高收益率均超过4.38%，在收益实现程度的排行榜中均靠后。恒生银行、华侨银行和平安银行等收益实现程度排名则主要被预期最高收益率超过4.38%的产品收益表现所拖累，如恒生银行预期最高收益率超过4.38%的产品中，平均最高收益实现程度只有6.3%。华侨银行预期最高收益率超过4.38%的产品中，平均最高收益实现程度只有13.3%。兴业银行、南洋商业银行和渤海银行等则因其发行的结构性理财产品预期最高收益均低于4.38%，全部实现最高收益。

表6-3 结构性理财产品预期最高收益实现程度的排行榜

发行银行	预期最高收益率高于4.38%的样本的平均最高收益实现程度（%）	样本数（只）	全体样本的平均最高收益实现程度（%）	样本数（只）
恒生银行	6.3	62	45.2	106
江苏银行	11.2	5	11.2	5
华侨银行	13.3	10	79.2	41
光大银行	27.2	4	27.2	4
华夏银行	27.7	32	27.7	32
平安银行	31.3	39	52.8	81
星展银行	43.9	41	54.9	51

续表

发行银行	预期最高收益率高于4.38%的样本的平均最高收益实现程度（%）	样本数（只）	全体样本的平均最高收益实现程度（%）	样本数（只）
广发银行	44.1	41	67.2	70
交通银行	44.6	39	44.6	39
招商银行	54.6	12	54.6	12
永亨银行	62.7	19	62.7	19
农业银行	92.2	31	92.4	68
民生银行	100.0	1	100.0	9
兴业银行	—	—	100.0	24
南洋商业银行	—	—	100.0	30
渤海银行	—	—	100.0	28

注：收益实现程度＝到期收益率/预期最高收益率×100%，计算值大于100取100。
数据来源：课题组整理。

因此，对投资者而言，预期最高收益率越高，往往意味着收益实现程度偏低，对预期最高收益率应该有正确的理解。

2016年上半年到期的627只结构性理财产品中，33.33%的产品的实际收益为最低预期收益率。非保本的结构性理财产品平均到期实际收益率只有2.17%，保本的平均实际收益率也仅为2.94%，其中保本保收益产品到期收益率为3.43%。超过96%的结构性理财产品的实际收益率低于平均预期最高收益率5.8%，约84%的产品实际收益率甚至低于2016年上半年面向普通个人投资者发行的封闭型理财产品的平均收益率4.38%。大量结构性理财产品即使实现预期最高收益，实际收益水平也低于一般的封闭型理财产品，结构性理财产品的实际投资收益并无优势（见图6-2）。

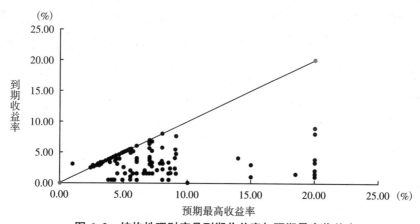

图 6-2 结构性理财产品到期收益率与预期最高收益率

注：①本图共包含 403 个样本；②剔除了没有披露预期最高收益率和发生亏损的数据。

从挂钩标的来看，挂钩股指、基金和股票等的结构性理财产品，收益实现程度普遍不理想，一般分布在预期收益区间的低端，甚至为负。从发行银行的类型来看，外资银行发行的结构性理财产品收益实现的程度较低，收益率基本在最低端或为负。

6.1.4 投资者定位不够明确

按照商业银行自身的评定标准，内部风险评级一般分为五级：PR1 级（谨慎型）、PR2 级（稳健型）、PR3 级（平衡型）、PR4 级（进取型）、PR5 级（激进型），一般评级越低，安全性越高，风险越小。例如，华夏银行慧盈系列 162 号结构性理财产品的风险评级为 PR2 级（稳健型），招商银行焦点联动系列之布伦特原油（SPGCBRP INDEX）表现联动结构性理财产品的风险评级为 PR2（稳健型）。

结构性理财产品近 60% 的内部评级集中在 2 级，近 35% 的内部评级为 1 级。商业银行对结构性理财产品的评级总体为谨慎和稳健，事实上结构性理财产品的风险比一般理财产品的风险高，收益的波动较大，收益的实现程度也并不理想。因此，商业银行过低的内部风险评级容易误导投资者，使投资者对理财产品的收益盲目乐观，低估结构性理财产品的风险，不利于风险揭示，不利于投资者的保护。例如，课题组评价的结构性产品中约有 60% 的产品内部风险评价等级为 2 级（中低风险），因此风险承受能力评估等级为"成长型"、"进取型"、"平衡型"和"稳健型"的银行客户均适合购买本产品。

这种确定目标客户的方式看似简单，可操作性较强，但与普通理财产品无差异，没有体现结构性理财产品的风险特性，不利于及时向投资者揭示风险。容易让投资者产生结构性理财产品"低风险、高收益"的错觉。

6.2 投资的管理过程不够透明

6.2.1 不公布交易对手的信息

商业银行在进行结构性理财产品交易时，要寻找交易对手进行询价交易，同时还要考虑是否进行衍生品交易。公布交易对手信息，是对交易对手的综合实力进行评估。2008 年金融危机之后，公布交易对手信息已成为英国金融监管机构降低金融产品投资风险的强制性要求，要求公布交易对手的数量、稳定性和持续合作性等方面的信息。上海市商业银行发行的 627 只结构性理财产品均未提供有关交易对手的信息，因此也无法对交易对手的综合实力进行评估，更无法从外部监管的角度对商业银行结构性理财产品的运作形成有效监管。现有的上海市场的结构性理财产品只是强调交易对手的信用风险由投资者承担。例如，某银行的一款结构性理财产品的说明书表述如下：

"由于市场波动或投资品种发生信用风险导致产品到期时投资品出售的收入有可能不足以支付客户的预期收益，甚至不足以支付理财产品的本金，届时理财资金将按照产品到期时的产品净值向客户进行分配。但在此种情形下，理财产品保留向发生信用风险的投资品发行主体进行追偿的法定权利，若这些权利在未来得以实现，在扣除相关费用后，将继续向客户进行清偿。"

6.2.2　结构性产品的资金来源不够明确

对结构性理财产品而言，如果将本金和结构性资金区分投资，通常比较利于保障本金安全，风险在一定程度上是可控的。在课题组的研究样本中有 58% 的结构性理财产品未对结构性产品的资金来源作出说明，这既不利于外部监管，也不利于内部风险控制，对消费者而言，如果不能准确了解结构性产品的资金来源，则难以明确界定产品的风险与收益。由于信息不对称，投资者难以掌握关于该产品的任何确切信息，无法对承受的风险进行恰当的比较。

即使对结构性产品的资金来源进行区分投资，但在结构性产品的资金来源说明中也语焉不详，对具体的投资比例、如何区分等缺乏具体详细的说明。而且一个银行发行的系列结构性理财产品的资金来源说明如出一辙，没有按挂钩标的不同属性、特点等进行明确的区分。例如，以下几家银行对其结构性产品的资金来源说明：

某外资银行：为确保本产品到期本金的保障以及我行履行其到期时偿付相应本金的义务，客户的所有投资本金存放于我行，由我行资产负债部统一管理。同时，金额等同于投资本金滋生之利息的款项已通过金融工具（包括但不限于期权、掉期等）与挂钩标的连接以实现或有之收益。

国内某银行：产品所募集的本金部分做保本投资，我行提供 100% 本金安全；衍生品部分由我行通过掉期交易，投资于港股衍生产品市场。

国内某银行：本产品为内嵌金融衍生工具的人民币结构性理财产品，银行将募集的理财资金投资于银行定期存款，同时以该笔定期存款的收益上限为限在国内或国际金融市场进行金融衍生交易（包括但不限于期权和互换等衍生交易形式）投资，所产生的金融衍生交易投资损益与银行存款利息之和共同构成理财产品收益。

6.2.3　部分银行的管理费用收取较高，信息披露不充分

与投资相关的费用包括手续费、托管费和发行费等各项费用，是结构性理财产品投资者成本的重要组成部分。但近10%的结构性理财产品收取的费用高于0.4%，增加了投资者的成本。例如，永亨银行收取的前端费用可达0.7%，交通银行收取的托管费率和销售手续费率合计高达0.55%。而近20%的结构性理财产品说明中没有披露相关费用信息，投资者无法了解具体的投资费用信息，如渤海银行、民生银行、星展银行和广发银行的部分产品。

产品说明书中说明不收取费用的银行，实际上也存在手续费，包括托管费、销售费和投资管理费等，每个银行的费率不同。但一般这些银行在计算理财产品的预期收益率时已经将这部分费用考虑进去，也就是在公布的预期收益率和最终兑付的实际收益率中已经扣除了费用，但很多投资者对这些费用并不知情，或者说对于投资者来说相当于不收取手续费。举个简单的例子，假设某银行的托管费和销售投资等管理费率合计占投资金额的1%，银行产品说明书公布的产品的预期收益率是5%，实际上该结构性理财产品的实际预期收益率可能大于等于6%。

表6-4　结构性理财产品相关费用在官网披露的统计

费用水平（F）	银行名称	具体产品相关费用收取及披露情况
F = 0	恒生银行、华夏银行、南洋商业银行	不收取任何费用
0 < F ≤ 0.2%	光大银行	发行费率不高于0.05%
	平安银行	手续费 + 托管费0.11%
	农业银行	管理费 + 托管费0.2%
0.2% < F ≤ 0.4%	广发银行	销售费用：0.25%（年化），管理费：超过投资者预期最高年化收益率及其他相关的收益将作为银行管理费
	江苏银行	挂钩股指产品托管费率0.02%，销售费率0.25%；挂钩黄金产品托管费率0.02%，销售费率0.3%

费用水平（F）	银行名称	具体产品相关费用收取及披露情况
0.2%＜F≤0.4%	平安银行	手续费＋托管费 0.31%
	渣打银行	0.31%
	农业银行	管理费＋托管费 0.25%~0.35%
0.4%＜F≤+∞	永亨银行	前端费不超过 0.7%，无认购费和托管费
	交通银行	托管费率 0.05%；销售手续费率 0.50%
	招商银行	销售费率 0.5%/年
	渣打银行	0.41%
	平安银行	手续费＋托管费 0.41%
	农业银行	管理费＋托管费 0.4%~0.5%
未披露	渤海银行、民生银行、星展银行、广发银行	未披露相关费用信息

数据来源：课题组整理。

6.2.4 投资运作模式多为封闭式非净值型，风险较高

目前，商业银行的结构性理财产品主要纳入银行资产池统一运作管理，没有委托第三方平台管理。通常封闭式运作的风险高于开放式运作，而现有的结构性理财全部为封闭式运作。另外，非净值型风险高于净值型。结构性理财产品的投资运作模式高度集中为封闭式非净值型（近90%），这也是风险较高的运作模式。对商业银行而言，可以锁定目标客户进行投资，但投资者难以及时了解和动态跟踪结构性理财产品的投资运作情况，无法动态申购赎回结构性理财产品，对发行该产品的银行缺乏动态考核监督的压力和动力。

6.2.5 较长的计划期限增加了结构性理财产品的风险敞口

目前，尽管商业银行发行的结构性理财产品计划期限主要集中在 1~3 个月，但仍有部分银行的计划期限集中在 6 个月以上，合计占 15%，其

至个别商业银行的一些结构性理财产品期限在 1 年以上。通常计划期限越长，不确定性因素越多，产品的风险呈递增状态，而且产品的流动性相对较差。计划期限在 6 个月以上的产品主要挂钩股票、股指、基金和汇率。这一类产品受宏观经济、政府政策变动等因素影响较大，期限越长，风险相对越大。因此，如果没有较高的收益匹配，计划期限越长，对消费者越不利。课题组的研究结果也得出了同样的结论：第一，挂钩股指、基金和股票等的结构性理财产品期限相对较长，大多数产品期限分布在 6 个月以上，甚至在 1 年以上；第二，挂钩股指、基金和股票等的结构性理财产品，收益实现程度普遍不理想，一般分布在预期收益率的低端，甚至为负；第三，外资银行挂钩股指、基金和股票等的结构性理财产品普遍存在期限较长、收益实现程度较低、得分较低的现象；第四，大多数消费者缺乏专业分析与判断，容易被"期限较长产品预期收益通常较高"的常规认识所误导。

例如，国内某银行财富-结构类（100%保本挂钩股票）产品期限为 366 天，在如此长的期限内，由于挂钩标的股票价格受多种因素影响，价格剧烈波动，该理财产品收益表现极差，不过因为是保本型，所以到期实际收益率为 0。

某外资银行的一款挂钩国外基金的产品更具有代表性，也更能说明期限越长，产品的风险性越高。该产品为市场联动系列，挂钩富兰克林互惠欧洲基金（彭博代码：TEMFMEA LX）。该产品交易日为 2014 年 3 月 25 日，产品到期日为 2016 年 4 月 14 日。在投资期限内，由于宏观经济不景气，欧洲金融市场表现低迷，该产品挂钩标的走势震荡下行。因此，该产品的收益极不理想，投资期限内累计绝对收益率为 0%，投资期限内年化收益率为 0。

6.3 信息披露不够规范

6.3.1 信息披露的完整性不足

商业银行结构性理财产品信息披露的完整性不足，主要体现为内容完整性欠缺。信息披露的内容是指商业银行发行结构性理财产品需要向客户披露的信息。《商业银行理财产品管理办法》第二十条明确规定，理财产品的销售文件应该载明投资范围、投资资产种类和各投资资产种类的投资比例，并确保理财产品存续期间按照销售文件约定比例合理浮动；第二十一条规定，理财产品的销售文件应该载明收取销售费、托管费和投资管理费等相关收费项目、收费条件、收费标准和收费方式。上述信息披露内容的不完整容易导致投资者与银行之间的信息不对称，投资者无法对结构性理财产品投资的风险与收益做出及时和有效的判断。从课题组对 17 家商业银行关于结构性理财产品信息披露内容的评分情况来看，4 家商业银行得分为 2 分，3 家商业银行得分仅为 1 分（见表 6-5）。根据课题组设计的评分规则，如果银行只披露上述信息中的 2 项，得分为 2 分，而披露 1 项或者不披露，得分为 1 分。该评分结果表明，部分商业银行对结构性理财产品的实际收益、管理费用以及理财产品资金投向等重要信息披露不全面。

表6-5　商业银行关于结构性理财产品信息披露内容的得分情况

信息披露内容得分	银行名称
2分	渤海银行、恒生银行、民生银行、兴业银行
1分	南洋商业银行、农业银行、星展银行

数据来源：课题组整理。

商业银行结构性理财产品的信息披露完整性不足还体现在发行公告、运作公告与到期公告的披露频率较低。信息披露频率是指对于产品发行（或者成立）公告、存续（或者运作）公告、到期（或者结束）公告以及其他公告的披露次数。根据课题组的研究统计，披露结构性理财产品发行公告、运作公告和到期公告的商业银行仅占样本银行总数的35.29%、29.41%和52.94%（见表6-6），该统计结果表明部分银行没有及时披露结构性理财产品的动态信息。

表6-6　商业银行结构性理财产品信息披露的频率统计

发行公告/成立公告	运作公告/存续公告	到期公告
兴业银行	兴业银行	兴业银行
民生银行	农业银行	民生银行
平安银行	平安银行	农业银行
渤海银行	光大银行	平安银行
光大银行	江苏银行	渤海银行
江苏银行		渣打银行
		华夏银行
		光大银行
		江苏银行
披露该项目的银行占比35.29%	披露该项目的银行占比29.41%	披露该项目的银行占比52.94%

数据来源：课题组整理。

6.3.2 关键信息的有效性不足

银行对投资资产的种类和投资比例的披露具有高度的趋同性，大致都是模糊披露这两项指标的相关信息。以兴业银行为例，其结构性理财产品说明书中进行了以下披露"本金投资于银行存款、货币市场工具等低风险固定收益类产品；部分收益投资于金融衍生产品。本产品投资的金融衍生产品为挂钩黄金、外汇、利率和信用等一种或多种资产或指数的远期、期货、掉期（互换）和期权中的一种或多种特征的金融工具。"即公布的信息中内容不全面，不能包含结构性理财产品的关键信息，或者是公布信息的内容无实质意义。课题组对17家样本商业银行的结构性理财产品信息披露内容的统计结果如表6-7所示。

表6-7 商业银行官网结构性理财产品信息披露内容的统计

披露内容	披露的银行名称	披露的银行占样本银行百分比（%）
投资资产种类	江苏银行	5.88
投资比例	江苏银行	5.88
到期年化收益率	兴业银行、民生银行、农业银行等15家商业银行	88.24
银行管理费用	兴业银行、平安银行、广发银行等9家商业银行	52.94
交易对手信息	—	—

数据来源：课题组整理。

（1）仅有1家样本银行（江苏银行）披露实际投资资产种类的具体信息。

（2）仅有1家样本银行（江苏银行）披露结构性理财产品募集资金的投资比例。

（3）17家样本商业银行均未披露结构性理财产品投资交易对手的信息。

（4）已经到期的结构性理财产品的到期收益率是投资者在购买理财产品的决策过程中非常重要的参考指标，但是仍然有 12% 的商业银行没有披露实际到期收益率。

6.3.3 产品说明书披露缺乏统一规范

商业银行对结构性理财产品说明书的信息披露渠道、披露的详细程度等没有统一的标准。缺乏行业规范性和说明书要素的完整性是结构性理财产品说明书信息披露较为突出的问题。

调查统计结果表明，17 家样本银行中仅有 3 家商业银行在官方网站披露已到期产品的说明书（见表 6-8），只有 47.06% 的样本银行披露在售产品说明书，提供挂钩标的、收益率测算依据、收益率浮动区间和风险揭示等关键信息，6 家商业银行的官网没有披露在售产品的说明书（见表 6-9）。

表 6-8　商业银行官网披露结构性理财产品说明书的统计

披露项目	披露的银行名称	披露的银行占样本银行百分比（%）
在售产品说明书	兴业银行、农业银行、平安银行、广发银行、恒生银行、交通银行、永亨银行、江苏银行	47.06
已到期产品说明书	农业银行、平安银行（需搜索才可得）、江苏银行	17.65

数据来源：课题组整理。

表 6-9　商业银行官网未披露结构性理财产品说明书统计

	与说明书类似的其他文本
星展银行	披露在售的产品概览，无产品说明书
渣打银行	披露已到期的产品概览，无产品说明书
华侨银行	披露产品详情介绍，无产品说明书
华夏银行	仅披露一个总的产品条款说明，无产品说明书
招商银行	只有持卡客户可查阅产品说明书
光大银行	仅披露非常简单的产品说明

数据来源：课题组整理。

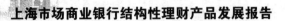

表 6-8、表 6-9 说明了结构性理财产品说明书的易得性较差。部分商业银行结构性理财产品说明书发布的位置不易发现，需要打开多级窗口才能找到，这种问题在外资银行的表现更为严重。在一些外资银行官网，部分结构性理财产品的产品说明书公布甚至非常隐蔽，必须用搜索功能才能找到。

第 7 章

上海市场商业银行结构性理财
产品发展的建议

7.1 为投资者提供可准确理解的预期收益

7.1.1 收窄预期收益区间，提供相应的实现概率

结构性理财产品的收益区间过大，导致收益实现程度偏低；各档预期收益水平不表明实现概率，导致投资者过分关注最高预期收益率。针对这一问题，政府相关的行业监管部门可以借鉴英国的经验。英国金融服务监管部门 FCA（Financial Conduct Authority）对结构性理财产品有明确的产品管理指导，要求金融机构（或委托第三方）对新发行的结构性理财产品进行压力测试，公布各种可能情况的概率，这一概率应该是预期的目标客户可以接受的。通过压力测试是结构性理财产品批准程序的一部分，在这一过程中失败的产品不能向投资者销售。

结构性理财产品的发行机构在产品设计的各个环节中应该遵循稳健和诚信的原则，不以小概率的高收益事件作为噱头，诱导投资者。金融投资具有长期性和持续性，金融机构应该珍惜投资者的信任，审慎构建长期稳定的客户关系，最大程度地获取客户价值。收窄结构性理财产品预期收益区间，提供相应的实现概率，从短期来看需要有敢为天下先的勇气和较高的技术投入成本，但从长期来看，却有助于金融机构赢得客户的长期信赖，提升市场声誉。

投资者对结构性理财产品的收益区间也应该有正确认识。传统的固定收益类理财产品都只有一个预期收益率，且长久以来一直存在"刚兑"的现象，对此习以为常的投资者在面对结构性理财产品时，容易过于关注最高预期收益率，忽视最低预期收益率，存在一定的心理偏差。投资者在选择结构性理财产品时，应该对同类产品收益的历史情况做深入了解，以期对预期收益形成正确的认知。

7.1.2 说明收益率测算的依据，为投资者提供合理的收益预期

预期收益是结构性理财产品的投资者最为关注的要素，明确收益率的测算依据，有助于投资者形成合理的收益预期。

从监管部门来看，银监会颁布的《商业银行理财产品销售管理办法》的第十六条明确规定，"理财产品宣传销售文本中出现表达收益率或收益区间字样的，应该在销售文件中提供科学合理的测算依据和测算方式"，但在实践中，这一规定却并没有落到实处，很多结构性理财产品的销售文件中并没有提供收益率测算依据或者语焉不详。对此，监管部门还应该强化对金融机构的督导，落实相关要求。

从结构性理财产品的发行人来看，为使投资者形成合理的收益预期，可根据结构性理财产品的特性，为基础资产和挂钩标的分别提供收益率的测算依据。例如，江苏银行在其结构性理财产品的说明书中明确作了如下阐述：

本产品的投资标的包括债券、货币市场工具等标准化资产、符合监管要求的债权类资产，根据近期市场数据，按上述投资方向和我行与证券公司签订的收益互换合约，以江苏银行投资理念、配置策略等为准则，测算的预期年化收益率模拟（见表7-1）。

表 7-1　江苏银行某款结构性理财产品的说明书

投资标的	收益率（%）	测算依据
债券类资产	3.0~5.5	参考近期银行间市场 AA- 以上、期限不超过 5 年债券收益率
货币市场工具类资产	1.5~2.5	参考近期期限 3 个月的 SHIBOR 利率
符合监管要求的债权类资产	3.6~6.0	参考历史投资标的收益率
挂钩沪深 300 指数的收益互换合约年化收益率	1.5~18.5	参考证券公司挂钩沪深 300 指数收益互换业务收益率
经测算的产品预期年化收益率	1.5~18.5	相应策略下的预期投资收益率，并扣除托管费、销售费等相关费用

　　从投资者来看，理解结构性理财产品的收益构成及其测算依据十分必要，既有助于其进行购买决策，又有利于其形成合理的收益预期。结构性理财产品的大部分本金（甚至全部）投资于低风险和低收益的固定收益类产品，只有少部分本金（甚至没有）和固定收益投资的预期收益部分通过期权和互换等金融衍生品与股票、基金和黄金等高风险、高收益的投资品进行挂钩。因此，相对而言，固定收益类产品的预期收益和测算依据更具有参考性，衍生品部分的收益率存在很大的不确定性。

7.1.3　严格投资者的准入条件

　　结构性理财产品是固定收益类产品和金融衍生品的复合产品，相当一部分结构性产品的收益结构亦较为复杂。目前，确定投资者购买资格的通行做法是各银行内部评定的产品等级与客户风险承受能力等级进行匹配。然而绝大多数结构性理财产品在银行内部评级为中低风险，这就导致购买门槛较低，无法体现结构性理财产品的风险收益特性对投资者的要求。

　　对此，课题组建议监管部门对结构性理财产品的销售与购买进行特别规定，严格投资者的准入条件，促进各家金融机构结构性理财产品评级标准的协调与统一，强化投资者风险承受能力测试的规范性与准确性。

结构性理财产品的发行人应该要求投资者对挂钩标的的市场表现有所了解，或者具有衍生品的投资经历。课题组建议结构性理财产品的发行人在产品设计与销售时应该充分考虑我国投资者的专业水平和理解能力，确保结构性理财产品的复杂程度与目标客户的理解水平相匹配。

投资者应该对自己的投资偏好形成正确认识，认真评估自己的风险承受能力，不盲目追求结构性理财产品的高收益，不要为了获取购买结构性产品的资格而在风险承受能力的评估中弄虚作假。

7.2 投资过程宜适度公开

7.2.1 公布交易对手的信息

课题组建议监管部门对结构性理财产品需向投资者提供交易对手的信息进行明确要求。这一方面有利于促使商业银行审慎选择其交易对手，最大限度降低交易对手的风险；另一方面也使投资者能够明确其资金的投向，保障其知情权与收益权。目前，英国等国家对结构性理财产品就明确要求发行机构（方）公布交易对手的信息。

结构性理财产品的发行（机构）方应该公布交易对手信息，客观上不仅有利于监管者和投资者发挥外部监管的作用，也有利于银行自身建立严格的内部风险控制机制，审慎选择交易对手，将交易对手风险控制在银行层面。

投资者可以根据银行披露的交易对手信息，评估结构性理财产品的潜在收益和风险。但这在客观上要求投资者具备足够的专业知识，但事实上，大多数结构性理财产品的投资者可能不具备这方面的专业技能，因此需要银行业协会等第三方评估机构的介入。

7.2.2　明确结构性理财产品的资金来源和资金运用

监管部门应该要求商业银行明确结构性理财产品的资金来源。以便监管者和投资者能够动态跟踪监督银行结构化资金的运用，实现资金来源合法化、资金运营合规化、风险与收益动态匹配。

基于消费者保护、银行内部风险控制以及外部风险监管的要求，结构性理财产品的发行人应明确说明结构化资金的来源和资金运用，实现结构性理财产品的结构化投资的阳光化。避免糊涂账下混淆责任，避免资金违规流入监管禁止的领域或灰色地带。

结构性理财产品的投资者应对结构性产品的资金来源和资金运用享有知情权，根据相关信息自主判断相关产品的风险。

7.2.3　明确披露投资费用的信息，制定合理的费率水平

商业银行的结构性理财产品作为特殊商品，监管部门应该对其税费披露及费用标准做出明确规定，使银行收取的各项费用透明化，避免银行模糊费用的信息，隐蔽剥夺客户的收益。

发行结构性理财产品的银行应明确披露相关的费用信息，根据结构性理财产品运作过程中的各项费用制定合理的费率水平。结构性理财产品的定价及预期收益的测算要考虑投资过程中的各项费用，既要覆盖产生的各项费用，又要通过专业团队的运作和管理，发挥规模经济和范围经济优势，有序开发和改进系列结构性理财产品的发行，降低投资者的投资成本，提高产品的竞争力，最终实现与投资者互利共赢。

结构性理财产品发行人收取的各项费用必然成为投资者成本的一部分，冲减部分收益，投资者实际关注的应该是扣除各项费用后的实际收益率，因此投资者应该理性看待各项费用，特别是对表面不收费，实际预期收益已扣除费用的产品更应理性对待。

7.2.4　改进结构性理财产品的投资运作模式

结构性理财产品的投资运作模式应该逐渐由封闭式非净值型过渡到封闭式净值型，进而过渡到开放式非净值型，最终目的是将结构性理财产品的投资运作模式变成开放式净值型，实现透明的开放式净值型理财产品运作模式。所谓开放式理财产品，是指在产品存续期里可以随时进行赎回操作的理财产品，类似于开放式基金，资金的流动性比封闭式理财要灵活。净值型产品是指理财产品的收益率根据产品净值的变化而变化，而非净值型产品则相反，产品发行时会规定一个预期或固定收益率。尽管目前市场发行的结构性理财产品高度集中于封闭式非净值型产品，但开放式净值型是发展趋势，如英国发行的理财产品多是此种类型。

对监管者而言，由于开放式净值型结构性理财产品的独特的赎回机制与市场行情的动态关联，要求发行人动态披露相关信息，在信息披露方面更为及时透明，因此可以实现动态监管，有助于及时发现问题和防范风险。

对结构性理财产品的发行机构而言，如果在结构性理财产品的管理过程中出现业绩不断下滑的现象，那么投资者就会"用脚投票"，实行大量赎回，可能导致该结构性理财产品运作失败，给发行人造成巨大的经济和声誉损失。因此，在动态竞争压力下，发行机构必须不断提升产品的管理能力和资金运作能力，努力改进产品的设计，保证投资者们的未来收益。

对投资者来说，开放式净值型结构性理财产品的流动性更好，如果投资者在投资过程中遇到突发情况时，则可以继续赎回，可以让投资者明白消费，自主选择，充分发挥消费者的投票权和选择权，并给银行以动力，不断改进结构性理财产品的投资运作方式。

7.2.5 结构性理财产品的计划期限不宜过长

投资者能普遍接受的是 6 个月以下的结构性理财产品。这样，针对各种不确定性因素，以及内部外部的冲击，银行可以比较准确地控制风险和合理定价，投资者也可以准确评估产品的风险和收益。因此，监管机构可引导银行更多发行期限适度的结构性理财产品。

7.3 规范信息披露的渠道和内容

针对商业银行结构性理财产品存在的市场信息披露不透明和信息严重不对称等问题，课题组提出以下建议：

7.3.1 监管部门需要进一步完善信息披露的监督管理机制

（1）规范产品有效期内的信息披露。由于部分商业银行在结构性理财产品运作过程中不披露或者有选择性地披露信息，而且对于结构性理财产品存续期内的问题与风险揭示不足。因此，课题组建议监管部门要求商业银行动态披露实际投资资产的种类（参考江苏银行的公告披露）、投资的比例和投资交易对手信息等具体信息，便于投资者及时了解结构性理财产品资金的投向和风险程度。

（2）产品说明书应该统一标准。课题组建议监管部门规定商业银行按统一格式逐一披露产品说明书中指定的各项信息，保证信息披露尤其是对风险的揭示要充分。商业银行需要在官方网站披露体例规范、要素完整的在售产品说明书，同时在官方网站披露已经到期（比如半年内到期）的产品说明书。

（3）根据结构性理财产品的基本属性建立信息披露制度。商业银行结构性理财产品的信息披露主要表现在三个方面，即产品销售期的信息披露（产品说明书和发行公告）、产品运作期间的信息披露（运作公告）以及产品到期后的信息披露（到期公告）。因此，课题组建议监管部门规定商业银行必须在官方网站披露上述三类公告，而且到期公告中必须披露已经到期的结构性理财产品的实际到期收益率，通过提高银行信息披露的频率来保证信息披露的及时性和有效性，进一步强化商业银行的内部自律和外部监督。

（4）规定信息披露的有效渠道。商业银行往往会以结构性理财产品数量庞大，对每一期结构性理财产品信息披露的工作量过于庞杂为托词，不对理财产品信息进行充分披露。实际上，以商业银行目前所掌握的信息技术而言，选择在其官方网站充分披露信息具有可行性，但是仅仅依靠商业银行自身的自律和公众的舆论监督可能无法达到投资者预期的披露效果，因此课题组建议监管部门采取有效的监管措施，提高商业银行结构性理财产品信息披露的易得性，增加社会公众对于结构性理财产品的了解。

7.3.2　商业银行需要建立完善的事前、事中和事后的信息披露机制

从事理财业务的商业银行在发售产品时，应该向投资者全面详细地告知投资计划、产品特征及相关风险。商业银行要定期向投资者披露投资的动态运行状况和风险状况等信息。发生重大收益波动、异常风险事件、重大产品赎回、意外提前终止和客户集中投诉等情况时，各商业银行要及时报告银监会或其派出机构。商业银行要真正建立起理财业务的风险控制机制、理财业务的服务及投诉受理机制和理财业务的信息披露机制。